Pedro Calderón de la Barca

Guárdate del agua mansa

Barcelona **2024**
Linkgua-ediciones.com

Créditos

Título original: Guárdate del agua mansa.

© 2024, Red ediciones S.L.

e-mail: info@Linkgua-ediciones.com

Diseño de cubierta: Michel Mallard

ISBN rústica: 978-84-9816-419-0.
ISBN ebook: 978-84-9953-723-8.

Cualquier forma de reproducción, distribución, comunicación pública o transformación de esta obra solo puede ser realizada con la autorización de sus titulares, salvo excepción prevista por la ley. Diríjase a CEDRO (Centro Español de Derechos Reprográficos, www.cedro.org) si necesita fotocopiar, escanear o hacer copias digitales de algún fragmento de esta obra.

Sumario

Créditos _____ **4**

Brevísima presentación _____ **7**
   La vida _____ 7
   Capa y espada _____ 7

Personajes _____ **8**

Jornada primera _____ **9**

Jornada segunda _____ **53**

Jornada tercera _____ **109**

Libros a la carta _____ **161**

Brevísima presentación

La vida

Pedro Calderón de la Barca (Madrid, 1600-Madrid, 1681). España.
Su padre era noble y escribano en el consejo de hacienda del rey. Se educó en el colegio imperial de los jesuitas y más tarde entró en las universidades de Alcalá y Salamanca, aunque no se sabe si llegó a graduarse.
Tuvo una juventud turbulenta. Incluso se le acusa de la muerte de algunos de sus enemigos. En 1621 se negó a ser sacerdote, y poco después, en 1623, empezó a escribir y estrenar obras de teatro.
Lope de Vega elogió sus obras, pero en 1629 dejaron de ser amigos tras un extraño incidente: un hermano de Calderón fue agredido y, éste al perseguir al atacante, entró en un convento donde vivía como monja la hija de Lope.
Entre 1635 y 1637, Calderón de la Barca fue nombrado caballero de la Orden de Santiago. Por entonces publicó veinticuatro comedias en dos volúmenes y La vida es sueño (1636). En la década siguiente vivió en Cataluña y, entre 1640 y 1642, combatió con las tropas castellanas. Sin embargo, su salud se quebrantó y abandonó la vida militar. Entre 1647 y 1649 la muerte de la reina y después la del príncipe heredero provocaron el cierre de los teatros, por lo que Calderón tuvo que limitarse a escribir autos sacramentales.
Calderón murió mientras trabajaba en una comedia dedicada a la reina María Luisa.

Capa y espada

Las comedias de capa y espada son la rama del teatro de Calderón más cercana al de Lope. Calderón simplificó las tramas y les dio mayor vigor narrativo suprimiendo las escenas públicas que tanto gustaban a Lope y a su generación. El eje de la acción suele ser el amor, los celos y el honor. Los personajes se mueven de acuerdo con el decoro de su estatus social y la acción se funda en el equívoco. Es el caso de La dama duente; El astrólogo fingido; Casa con dos puertas, mala es de guardar; Hombre pobre, todo es trazas; El alcaide de sí mismo; Guárdate del agua mansa o No hay burlas con el amor.

Personajes

Clara, dama
Eugenia, dama
Brígida, criada
Mari-Nuño, dueña
Hernando, criado
Otánez, escudero, vejete
Don Félix, galán
Don Juan de Mendoza, galán
Don Pedro, galán
Don Toribio Cuadradillos
Don Alonso, viejo

Jornada primera

La acción pasa en Madrid.

(Sala en casa de don Alonso, junto a los pozos de la nieve.)

(Don Alonso, Otánez.)

Otánez	Una y mil, veces, señor, vuelvo a besarte la mano.
Don Alonso	Y yo una y mil veces vuelvo a pagarte con los brazos.
Otánez	¿Posible es que llegó el día para mí tan deseado, como verte en esta corte?
Don Alonso	No lo deseabas tú tanto como yo; pero ¿qué mucho, si en dos hijas dos pedazos del alma me estaban siempre con mudas voces llamando?
Otánez	Aun en viéndolas, señor, mejor lo dirán tus labios. ¡Oh si! mi señora viera este día!
Don Alonso	No mi llanto ocasiones con memorias que siempre presentes traigo. Téngala Dios en el cielo; que a fe que he sentido harto

 5

 10

 15

 20

su muerte; que desde el día,
que su Majestad, premiando
mis servicios, en el reino
de México me dio el cargo
de que vengo, a no más ver 25
me despedí de sus brazos.
No quiso pasar conmigo
a Nueva España, no tanto
por los temores, del mar,
como porque en tiernos años 30
dos hijas eran estorbo
para camino tan largo.
Criándolas quedó en casa:
fue Dios servido que al cabo
de tantos años faltó. 35
A cuya causa, abreviando
yo con mi oficio, dispuse
volver para ser reparo
de su pérdida; que no
estaban bien sin amparo 40
de padre y madre.

Otánez   Es muy justo,
señor, en ti ese cuidado;
pero si alguno pudiera
no tenerle, eras tú. Es llano,
porque el día que faltó 45
mi señora, ambas se entraron
seglares en un convento,
sin más familia ni gasto
que a Mari-Nuño y a mí,
donde en Alcalá han estado 50
con sus tías hasta hoy,
que obedientes al mandato

	tuyo, vuelven a la corte.	
	Y habiéndolas yo dejado	
	ya en el camino, no pude	55
	sufrir del coche el espacio;	
	y así, por verte, señor,	
	me adelanté.	
Don Alonso	Unos despachos	
	que para su Majestad	
	traje, demás del cuidado	60
	de tener puesta la casa,	
	tiempo ni lugar me han dado	
	de ir yo por ellas; demás	
	que el camino es tan cosario,	
	que perdona la fineza,	65
	pues es venir de otro barrio.	
	¿Cómo vienen?	
Voces dentro	Para, para.	
Otánez	Ya parece que han llegado:	
	ellas lo dirán mejor.	
Don Alonso	A recibirlas salgamos.	70
Otánez	Excusado será, pues	
	están ya dentro del cuarto.	

(Clara, Eugenia y Mari-Nuño, de camino. Don Alonso, Otánez.)

Clara	Padre y señor, ya que el cielo,	
	enternecido a mi llanto,	
	me ha concedido piadoso	75
	la dicha de haber llegado	

	adonde, puesta a tus pies,	
	merezca besar tu mano,	
	cuanto desde hoy viva, vivo	
	de más; pues no me ha dejado	80
	ya que pedirle, si no es	
	solo el eterno descanso.	
Eugenia	Yo, padre y señor, aunque	
	logre en estas plantas cuanto	
	me prometió mi deseo...	85
	más que pedir me ha quedado	
	al cielo, y es que tal dicha	
	dure en tu edad siglos largos;	
	porque esto del morir, no	
	lo tengo por agasajo.	90
Don Alonso	No en vano, mitades bellas	
	del alma y vida, no en vano	
	al corazón puso en medio	
	del pecho el cielo, mostrando	
	que con dos afectos puede	95
	comunicarse en dos brazos.	
	Alzad del suelo: llegad	
	al pecho, que enamorado	
	vuelva a engendraros de nuevo.	
Clara	Hoy puedo decir que nazco,	100
	pues hoy nuevo ser recibo.	
Eugenia	Dices bien, que tal abrazo	
	infunde segunda vida.	
Don Alonso	Entrad, no quedéis al paso:	
	tomaréis la posesión	105

	desta casa en que os aguardo,	
	para que seáis dueño della,	
	hasta que piadoso el hado	
	traiga a quien merezca serlo	
	de dos tan bellos milagros;	110
	si bien en mí, esposo, padre	
	y galán tendréis, en tanto	
	que os vea como deseo.	
(Llamando.)	¡Brígida!	

(Brígida. Dichos.)

Brígida   Señor.

Don Alonso   Su cuarto
enseña a tus amas.

Brígida   Todo   115
limpio está y aderezado;
pero ¿qué mucho es, si tales
dueños espera, el estarlo
como un cielo, con dos soles?

Clara   ¡Feliz yo que a ver alcanzo   120
este día, aunque a pensión
de haber, Eugenia, dejado
las paredes del convento!

Eugenia   ¡Feliz yo, pues he llegado
a ver calles de Madrid,   125
sin rejas, redes, ni claustros!

(Vanse Clara, Eugenia, Brígida y Otánez.)

(Don Alonso. Mari-Nuño.)

Mari-Nuño	Ya, señor, que el alborozo de dos hijas ha dejado algún lugar para mí, merezca también tu mano.	130
Don Alonso	Y no con menor razón que ellas, el alma y los brazos, pues por vuestra buena ley, en lugar de madre os hallo. Y ya que ausentes las dos, solos, Mari-Nuño, estamos, decidme sus condiciones; que como las dos quedaron niñas, mal puedo hacer juicio que no sea temerario, para que prudente y cuerdo pueda, como maestro sabio, gobernar inclinaciones que pone el cielo a mi cargo.	135 140
Mari-Nuño	Con decir, señor, que son hijas tuyas, digo cuanto puedo decir; mas porque no presumas que te hablo solo al gusto, aunque de entrambas la virtud y ejemplo es raro, de lo general verás que a lo particular paso. Doña Clara, mi señora, mayor en cordura y años, es la misma paz del mundo: no se ha visto igual agrado	145 150 155

hasta hoy en mujer. Pues ¿qué
su modestia y su recato?
Apenas cuatro palabras
habla al día: no se ha hallado 160
que haya dicho con enojo
a criada ni a criado
en su vida una razón:
es, en fin, ángel humano,
que a vivir solo con ella, 165
pudiera uno ser esclavo.
Doña Eugenia, mi señora,
aunque en virtud ha igualado
sus buenas partes, en todo
lo demás es al contrario. 170
Su condición es terrible:
no se vio igual desagrado
en mujer: dará, señor,
una pesadumbre a un santo.
Es muy soberbia y altiva, 175
tiene a los libros humanos
inclinación, hace versos;
y si la verdad te hablo,
de recibir un soneto
y dar otro, no hace caso. 180
Pero no por eso...

Don Alonso   Basta,
que en eso habéis dicho harto.
Yo os lo estimo, como es justo,
que, prevenido del daño,
sepa adónde he de poner 185
desde hoy desvelo y cuidado.
Y así, aunque en edad menor,
sea primera en estado;

que el marido y la familia
son los médicos más sabios 190
para curar lozanías,
flores de los verdes años.
Desde el día que llegué,
a la montaña he enviado
por un sobrino, que hijo 195
es de mi mayor hermano;
y en él quiero de mis padres
y abuelos el mayorazgo
aumentar: pobre es; yo rico,
y es bien que el caudal fundamos 200
de la sangre y de la hacienda,
porque conservemos ambos
el solar de Cuadradillos
con más lustre. Así, en llegando,
será Eugenia esposa suya: 205
veamos si el nuevo cuidado
enmienda las bizarrías
de los verdores lozanos.

(Otánez, Don Alonso, Mari-Nuño.)

Otánez   Un hombre espera allí fuera.

Don Alonso   ¿Quién es? —Que ese breve espacio 210
tardaré, a las dos decid—.
¿Versos? ¡Gentil cañamazo!
¿No fuera mucho mejor
un remiendo y un hilado?

(Vase.)

Otánez   ¿Qué le has dueñado a señor, 215

	que es lo mismo que chismeado,	
	que ya va tan desabrido?	
Mari-Nuño	¿Ahora sabes, mentecato,	
	que apostatara una dueña,	
	si supiera callar algo?	220

(Vanse.)

(Sala en casa de Don Félix.)

(Don Félix, vistiéndose; Hernando.)

Hernando	¡Bravas damas han venido,	
	señor, a la vecindad!	
Don Félix	El agasajo, en verdad,	
	perdonara por el ruido,	
	pues dormir no me han dejado.	225
Hernando	La una es dada.	
Don Félix	¿Qué importó,	
	si a la una duermo yo,	
	que haya dado o no haya dado?	
	Mas ¿qué género de gente	
	es?	
Hernando	De lo muy soberano:	230
	las hijas de aqueste indiano,	
	que compró el jardín de enfrente,	
	que dicen, señor, que lleno	
	de riquezas para ellas,	
	a solamente ponellas	235

17

	viene en estado.

Don Félix   Eso es bueno.
                   ¿Son hermosas?

Hernando   Yo las vi
al apearse, y a fe
que por tales las juzgué.

Don Félix   ¿Hermosas y ricas?

Hernando   Sí.   240

Don Félix   Buenas dos alhajas son:
dirémoslas al momento
todo nuestro pensamiento,
por gozar de la ocasión,
con estar cerca de casa;   245
que estoy cansado de andar
lo que hay desde aquí al lugar.

Hernando   Un vejete cuanto pasa
me dijo: y al padre igualo
al hombre de más valor,   250
pues dice que por su honor
matara al Sofí.

Don Félix   Eso es malo;
que aunque yo no soy Sofí,
en extremo me pesara
que para que él me matara,   255
por él me tuviera aquí.
Y de las hijas ¿qué dijo?
Que escudero que empezó

	a hablar, nada reservó.	
Hernando	Diversas cosas colijo	260
	de ambas que apruebo y condeno,
	porque hay del pan y del palo.
	Una es callada.	
Don Félix	Eso es malo.
Hernando	Otra es risueña.	
Don Félix	Eso es bueno.
	Para la alegre, por Dios,	265
	habrá sonetazo bello;	
	y para la triste aquello	
	de «ojos, decídselo vos».	
Hernando	Alegre o triste, me holgara	
	de verte, señor, un día,	270
	con una galantería,	
	que decirla te costara	
	desvelo.	
Don Félix	¿A mí? Harto fuera
	que alabarse, vive el cielo,
	de que me costó un desvelo	275
	ninguna mujer pudiera.	
	Eso no, pues sabe Dios	
	que si las hiciere ya	
	algún terrero, será	
	por estar cerca y ser dos.	280
	Aunque a cualquiera me inclina
	ya fuerza más poderosa.	

Hernando	Será ser rica y hermosa.	
Don Félix	No es sino el estar vecina, que es mayor perfección, pues nada la iguala.	285
(Llaman.)	Mas di, ¿llaman a la puerta?	
Hernando	Sí.	
Don Félix	Ve y mira, Hernando, quién es.	

(Don Juan, en traje de camino. Don Félix, Hernando.)

Don Juan	Yo soy, don Félix; que estando la puerta abierta, no fuera bien, que más me detuviera.	290
Don Félix	Mal llamar ha sido, cuando sabéis que puertas y brazos están siempre para vos de una suerte.	
Don Juan	Guárdeos Dios, que ya sé que destos lazos el estrecho nudo fuerte que en nuestras almas está, sin romperle, no podrá desatárnosle la muerte.	295 300
Don Félix	Seáis bien venido; que aunque en la jornada de Hungría, que veníades sabía, no tan presto os esperé.	

Don Juan	Fuerza adelantarme ha sido para un negocio, en razón, don Félix, de mi perdón.	305
Don Félix	¿Habéisle ya conseguido?	
Don Juan	Sí, y habiendo perdonado la parte, gozar quisiera del indulto que se espera por las bodas; y así, he dado priesa a venir, para que, en vuestra casa escondido, me halle a todo prevenido.	310

315 |
| Don Félix | Dicha es mía. Y ¿cómo fue? | |
| Don Juan | Ya sabéis que por la muerte, Félix, de aquel caballero, fui a Italia. Pues, lo primero, dispuso mi buena suerte ser ocasión que el señor duque excelso y generoso, de Terranova famoso, iba por embajador a Alemania. Acomodado con él a Alemania fui; y hallándose allá de mí bien servido y obligado, a España escribió, porque conocimiento tenía con la parte: y así un día, sin saberlo yo, me hallé con el perdón, en un pliego | 320

325

330 |

	que de su mano me dio.	
Don Félix	El lance fue tal, que erró	335
	la parte en no darle luego,	
	pues fue casual la pendencia	
	que dio la conversación.	
Don Juan	Ésa es, Félix, la opinión	
	común; pero mi impaciencia	340
	de mayor causa nacía,	
	que la que ocasiona el juego.	
Don Félix	Eso es lo que yo no llego	
	a saber.	
Don Juan	Pues yo servía	
	(ya que decirlo no importa)	345
	a una dama rica y bella	
	para casarme con ella;	
	y no con suerte tan corta,	
	que esperanzas no tuviese;	
	aunque me las dilataba	350
	que ausente su padre estaba,	
	y la madre no quisiese	
	tratar su estado sin él.	
	En este tiempo entendí	
	servirla el muerto; y así,	355
	ocasionado de aquel	
	lance que el juego nos dio,	
	con capa de otros desvelos	
	venganza tomó a mis celos,	
	con que todo se perdió;	360
	pues fueran necios engaños,	
	confiado de mi estrella,	

| | pensar hoy que aún viva en ella
memoria de tantos años. | |
|---|---|---|
| Don Félix | Vos estáis bien persuadido; | 365 |
| | que en Madrid, cosa es notoria
que en las damas, la memoria
vine a espaldas del olvido.
Su favor y su desdén | |
| | ya en ningún estado no | 370 |
| | hizo fe: ¡bien haya yo,
que en mi vida quise bien! | |
Don Juan	¿Todavía dese humor?	
Don Félix	Sí, pues aunque ellas son bellas,	
	me quiero a mí más que a ellas;	375
	y así tengo por mejor,
a la que me ha de engañar,
engañarla yo primero;
que yo por amigo quiero	
	al gusto más que al pesar.	380
	Y para que no se crea
que lo es para vos mi humor,
ni para mi vuestro amor,
otra la plática sea,	
	¿Cómo en la jornada os ha ido?	385
Don Juan	Como a quien viene de ver
darse poder a poder
desempeños a partido;
Porque tal autoridad,	
	pompa, aparato y riqueza	390
	como ostentó la grandeza
de una y otra majestad,	

                        el día que la hija bella
                        del águila soberana,
                        generosamente ufana   395
                        trocó el Norte por la estrella
                        del hispano (en cuya acción,
                        llanto a gozo competido,
                        dejó del águila el nido
                        por el lecho del león),   400
                        no la vio otra vez el día.

Don Félix   De paso no estoy contento
                        de oírla.

Don Juan   Pues estadme atento
                        porque a la relación mía
                        los afectos cortesanos   405
                        paguéis.

Don Félix   Yo os la ofrezco brava.

Don Juan   Deudora Alemania estaba...

(Don Pedro, vestido de color. Don Félix, Don Juan, Hernando.)

Don Pedro   Don Félix, bésoos las manos.

Don Félix   Seáis, don Pedro, bien venido
                        Por esta puerta en un punto   410
                        hoy se entra el bien todo junto.
                        Pues ¿qué venida ésta ha sido?
                        ¿Acabóse el curso?

Don Pedro   No.

Don Félix	Pues ¿qué os trae?
Don Pedro	Yo os lo diré.
Don Juan	Si yo embarazo, me iré. 415
Don Pedro	No, caballero; que yo,
hallándoos con Félix, fío
mucho de vos, porque arguyo
que baste que amigo suyo
seáis, para ser dueño mío.   420
Demás, que aquí es mi venida
(que en decirlo no hago nada)
una dama celebrada,
que a mi amor agradecida
pude en Alcalá servir;   425
vino hoy a Madrid, y a vella
Vengo, don Félix tras ella.
Don Félix	¿Y qué más?
Don Pedro	Que por huir
de mi padre, aquí escondido
dos días habré de estar.   430
Don Félix	Albricias me podéis dar
de haber a tiempo venido,
que en ella don Juan también
puede haceros compañía.
Don Juan	Será gran ventura mía 435
que en mí conozcáis a quien
serviros desea.

Don Pedro   Los cielos
         os guarden.

Don Félix   Pues vive Dios
         que no habéis de hablar los dos
         tocados de amor y celos.   440
         Haz que nos den de comer,

(A Hernando, que se va.)

         y pues no hemos de salir
         de casa, por divertir
         el tiempo que puede haber,
         la relación me decid,   445
         don Juan, de la real jornada.

(Don Félix, Don Juan, Don Pedro.)

Don Juan   Con calidad, que acabada,
         la prevención de Madrid
         diréis después.

Don Félix   Soy contento.

Don Pedro   Yo vengo a buena ocasión,   450
         que una y otra relación
         nueva es para mí.

Don Juan   Oíd atento.
         Deudora Alemania estaba
         a España de la más rica,
         de la más hermosa prenda,   455
         desde el venturoso día
         que María nuestra infanta,

generosamente altiva,
trocó la española alteza
por la majestad de Hungría. 460
Deudora Alemania estaba.
(otra vez mi voz repita)
de tanto logro al empeño,
de tanto empeño a la dicha,
sin esperanzas de que 465
pudiese su corte invicta
desempeñarse con otra
de iguales méritos digna,
hasta que piadoso el cielo
ilustró su monarquía 470
de quien, al no la excedió,
pudo al menos competirla,
para que nos restituya
en Mariana su hija
tan una misma beldad, 475
que parece que es la misma.
Pues si de las dos esferas
vamos corriendo las líneas,
y en florida primavera
le dimos la maravilla, 480
la maravilla nos vuelve
en primavera florida,
que apenas catorce abriles
bebió del alba la risa.
Si la real sangre de Austria 485
sus hojas tiñó en la tiria
púrpura, en ella también
quiso que esotras se tiñan.
Si prudencia, si virtud,
si ingenio y partes divinas 490
la dimos, ésas nos vuelve,

porque de todas es cifra.
Después de capitulado
el rey, que mil siglos viva,
se dilataron las bodas 495
más tiempo del que quería
la ansia de los españoles;
mas no fueran conocidas
las dichas, si no vinieran
con su pereza las dichas. 500
Fue causa a la dilación
esperar que la festiva
tierna edad de la niñez
creciese, hasta ver que hoy pisa
de la juventud la margen: 505
¡Buen defecto es el de niña,
pues se va, aunque ella no quiera,
enmendando cada día!
Llegó, pues, el deseado
de que feliz se despida 510
el águila generosa
del real nido que la abriga,
porque saliendo a volar,
el cuarto planeta diga
que imperial águila es, puesto 515
que de hito en hito le mira,
y porque no sin decoro
deje la corte que habita,
llegó la nueva a Madrid,
de que allí el rey se despida 520
de su hermana, hasta la entrega,
mezclando el llanto y la risa;
que siempre en bodas de infanta
el pesar y el alegría
se equivocan, hasta que 525

de gala el dolor se vista,
saliendo de ellas casada.
Ferdinando, rey de Hungría
y Bohemia, ínclito joven,
que no vanamente aspira 530
que heredada la elección,
Roma su laurel le ciña,
en nombre del rey con ella
se desposa, y ejercita
tan amante sus poderes, 535
que sin perderla de vista,
hasta Trento la acompaña
con la pompa más lucida,
con el fausto más real
que vio el Sol; pues a porfía 540
españoles, alemanes
y italianos, con su vista
se compitieron de suerte,
que era gloriosa la envidia,
Porque unos y otros hicieron 545
en costosas libreas ricas,
tratable el oro en sus venas,
fácil la plata en sus minas,
agotando de una vez
todo el caudal a las Indias. 550
Y porque por mar y tierra
halle siempre prevenida
quien por la tierra y el mar
de parte del rey la sirva,
el cargo del mar al duque 555
de Túrsis (de esclarecida
generosa casa de Oria,
siempre afecta y siempre fina
a esta corona) le dio,

porque de nuevo repita 560
en servicios y finezas
obligaciones antiguas.
La reina estuvo en Milán
detenida algunos días,
por ocasión de que el mar 565
embarazó con sus iras
de España el pasaje; pero
¿quién de su inconstancia fía,
que no motive de culpa
lo que no es más que desdicha? 570
Del mar y del viento, en fin,
las condiciones esquivas
o vencidas o templadas
(aténgome a que vencidas),
llegó el día de embarcarse; 575
y apenas la vio en su orilla
el mar, cuando convocó
todo el coro de sus ninfas
para que corriendo a tropas
la campaña cristalina, 580
tan solo en ella dejaran
aquella inquietud tranquila,
que no bastando a temerla,
baste a hermosearla y lucirla.
Entró la reina en la Real, 585
cuya popa era encendida
brasa de oro, que a despecho
de tanta agua, estaba viva.
La chusma, toda de tela
nácar y plata vestida, 590
con camisolas de holanda,
que su gala es estar limpias,
velamen, jarcias y velas

a su modo guarnecidas
de mil colores, formaban 595
un pensil, a quien matizan
de flores los gallardetes
y las flámulas, que heridas
del aire que las tremola
y el agua que las salpica, 600
venganza daban al aire
y el agua de la ojeriza
que tenían con las salvas,
por ver que de ver les quitan
las negras nubes de humo 605
que dejó la artillería,
la más pura, la más bella,
la más noble y más divina
Venus que sobre la espuma
flechas de constancia vibra. 610
Aquí al compás de las piezas,
clarines y chirimías,
a leva tocó la Real,
cuya seña, obedecida,
aun primero que escuchada 615
fue de todos, con tal prisa,
que a un mismo tiempo la boga
arrancó; y siendo la grita
segunda salva vocal,
nos pareció, cuando se iba 620
de la tierra, una vistosa
primavera fugitiva.
Cuarenta galeras fueron
las que siguieron su quilla,
que más que rompen las olas, 625
las encrespan y las rizan.
El golfo tomó la nao,

aun sin tocar en las islas
Mallorca, Ibiza y Cerdeña;
no a causa de la enemiga 630
oposición de los puertos
de Francia; que bien podía,
viniéndose tierra a tierra,
tomar puerto en sus marinas,
porque en las enemistades 635
de las coronas, militan
en la campaña las armas,
y en la paz la cortesía:
y así, con salvoconducto
general en sus milicias, 640
Francia esperó a nuestra reina.
¡Qué bien lidian los que lidian
para vencer, cuando vencen,
aun menos que cuando obligan!
—mas no puedo detenerme 645
en referir las festivas
demostraciones que Francia
la tenía prevenidas—.
El golfo tomó la nao,
trayendo siempre benigna 650
en los vientos y los mares
la fortuna, porque mira
que con solo este festejo
que hace a España, se desquita
de otras penas que la debe 655
la vanidad de su envidia.
En fin, con serena paz
la vaga ciudad movida,
ya del remo que la impele,
ya del viento que la inspira, 660
los mares surca de España,

y de sus campos divisa
los celajes, que quisieran
que el mar en sus ondas frías
huéspedes los admitiese,   665
porque una vez se compitan
golfos de verde esmeralda
con montes de nieve riza.
Ya el mar saluda a la tierra,
ya la tierra al mar se humilla,   670
siendo la primera que
sus reales plantas pisan,
Denia. ¡Oh tú, mil veces tú
felice, pues en tu orilla
hoy de la concha de un tronco   675
sacas la perla más rica!
Querer que yo diga ahora
la majestad de las vistas,
el séquito de su corte,
las galas, las bizarrías,   680
el amor de sus vasallos,
de sus reinos la alegría,
no es posible, si no es que
con la voz de todos diga
que este repetido lazo,   685
en quien de esposa y sobrina
el nudo apretó dos veces,
con propagada familia,
para bien común de España
venturosos siglos viva.   690

Don Félix   No tuve gusto mayor.
Estad ahora vos atento.
—Con el general contento
digno a su lealtad...

(Hernando. Dichos.)

Hernando   Señor.

Don Félix   ¿Qué dices?

Hernando   Que las dos bellas   695
                    damas que al barrio han venido
                    a la ventana han salido,
                    y desde ésta puedes vellas.
                    Perdone la relación,
                    pues dice a voces la fama: 700
                    «Antes que todo es mi dama»,
                    y después habrá ocasión
                    para ella; que ver deseo
                    qué cosa son mis vecinas.
(Asómase a la ventana.) ¡Vive Dios, que son divinas!   705

Don Juan   Veámoslas todos.

(Llega Don Juan a mirar.)

(Aparte.)   (¡Qué veo!
                    Ella es.)

Don Pedro   Pues las visteis vos,
                    a mí me dejad llegar.

(Llega Don Pedro.)

Don Félix   A fe que hay bien que admirar
                    en cualquiera de las dos.   710

Don Pedro (Aparte.) (A Don Félix.)	(¿Qué es lo que veo? Ella es, ¡cielos!) Gran dicha ha sido venir a vuestro barrio a vivir.	
Don Juan (Aparte.)	(Disimulen mis desvelos.) Bizarra cualquiera es.	715
Don Pedro (Aparte.)	(Finja mi pena amorosa.) Cualquiera es dellas hermosa.	

(Vase Hernando.)

Don Félix	¿Oyen vuesarcedes? Pues bizarras y hermosas son, quítense de aquí, porque son muy tiernos para que les dé mi jurisdicción. A su dama cada uno, pues están enamorados: déjenme con mis cuidados, sin alabarme ninguno bellezas ni bizarrías; que aquestas damas, les digo que son cosas de un amigo.	720 725
Don Juan (Aparte.) (Aparte.)	(¡Qué poco mis alegrías duraron!) Ya se quitaron de la ventana. (Porque yo llore su ausencia fue. La primer cosa que hallaron, ¡cielos!, mis penas, ha sido dellas la causa. ¡Ay de mí!)	730 735
Don Pedro (Aparte.)	(La primer cosa que vi,	

es por la que aquí he venido.)

(Sale Hernando.)

Hernando   La mesa espera, señor.

(Vase.)

Don Félix   Vamos a comer, que aunque   740
                  tan enamorado esté,
                  tengo más hambre que amor.

Don Juan
(Aparte a Don Félix.)   (Aunque de burlas habláis,
                  sabed que de mi fortuna
                  una es la causa.)

Don Félix (Aparte.)   (Adiós, una.)   745

Don Pedro   Aunque tan de humor estáis,
                  por sí o por no, sabed que
                  una de las dos, por Dios,
                  es la que sigo.

(Vase.)

Don Félix   Adiós, dos.
                  ¡Qué corta mi dicha fue!   750
                  Si no es que una misma sea
                  (que aún peor que esto sería)
                  la que uno y otro quería.
                  ¡Plegue a Dios que no se vea
                  empeñado en los desvelos   755
                  de dos amigos mi honor,

　　　　　　　　　y pague celos y amor
　　　　　　　　　quien no tiene amor ni celos!

(Vase.)

(Sala en casa de don Alonso.)

(Clara y Eugenia.)

| Clara | Por cierto, casa y adorno, | |
| | todo, Eugenia, está extremado. | 760 |

| Eugenia | A mí no me ha parecido | |
| | sino de la corte el asco. | |

| Clara | ¿Por qué? | |

Eugenia	Cuanto a lo primero,	
	porque éste, Clara, es el barrio	
	donde de la corte habitan	765
	los pájaros solitarios.	
	A los pozos de la nieve	
	casa mi padre ha tomado:	
	¡Fresca vecindad! Agosto	
	le agradezca el agasajo.	770

| Clara | Por la quietud y el jardín | |
| | lo haría. | |

Eugenia	¡Lindos cuidados!	
	¿Quietud y jardín? Para eso	
	Yuste está juntico a Cuacos.	
	Pero en Madrid, ¿qué quietud	775
	hay como el ruido? y ¿qué cuadro,	

              aunque con más tulipanes
              que trajo extranjero mayo,
              como una calle que tenga
              gente, coches y caballos,   780
              llena de lodo el invierno,
              llena de polvo el verano,
              donde una mujer se esté
              de la celosía en los lazos,
              al estribo de un balcón,   785
              a todas horas paseando?
              Pues ¿qué los adornos?

Clara   ¿No es
              de terciopelo este estrado
              y sillas y con su alfombra,
              de granadillo y damasco   790
              estas camas, los tapices
              de buena estofa, y los cuadros
              de buen gusto, y el demás
              menaje, Eugenia, ordinario,
              limpio y nuevo? Pues ¿qué quieres?   795

Eugenia   Buenos son; pero diez años
              de Indias son mucho mejores.
              Yo pensaba que el adagio
              de tener el padre alcalde,
              era niño comparado   800
              con la suma dignidad
              de tener el padre indiano.
              Fuera de que entre estas cosas
              que tú me encareces tanto,
              la mejor cuadra y mejor   805
              alhaja es la que no hallo.

38

Clara	¿Cuáles son?
Eugenia	Coche y cochera, que ella en invierno y verano es la mejor galería, y el más hermoso trasto. 810 ¿Qué Indias hay donde no hay coche? ¡Aquí de Dios y sus santos! ¿Qué ensayados trae, no ha escrito muchos pesos? Pues veamos, si no han de hacer su papel, 815 ¿para qué se han ensayado?
Clara	¿Ni aun a tu padre reserva la sátira de tus labios? ¡Jesús mil veces!
Eugenia	¡Mala hija! Vivir quisiera mil años, 820 solo por ver si me logro.
Clara	Advierte, Eugenia, que estamos ya en la corte, y que el despejo, el brío y el desenfado del buen gusto, aquí es delito; 825 que aquí dan los cortesanos estatua al honor, de cera, y a la malicia, de mármol. No digo que no sea bueno lo galante y lo bizarro; 830 pero ¿qué importa si no lo parece? Y no es tan malo no ser bueno y parecerlo, como serio y no mostrarlo.

El honor de una mujer, 835
y más mujer sin estado,
al más fácil accidente
suele enfermar, y no hay ampo
de nieve que más aprisa
aje su tez al contacto 840
de cualquiera: planta no hay,
que padezca los desmayos
más presto; que sin el cierzo,
basta a marchitarla el austro.
Cuantos tus versos celebran, 845
cuantos tus donaires, cuantos
tu ingenio, son los primeros,
Eugenia, que al mismo paso
que te lisonjean el gusto,
te murmuran el recato, 850
rematando en menosprecio
lo mismo que empieza aplauso.
Y una mujer como tú
no ha de exponerse a los daños
de que parezca delito 855
nada, ni le sea notado
hacer profesión de risa,
que tan presto ha de ser llanto
¿Hasta hoy en carta de dote,
Eugenia, ha capitulado 860
la gracia?

Eugenia   Quam mihi et vobis
praestare se te ha olvidado,
para acabar el sermón
con todos sus aparatos.
Y para que de una vez 865
demos al tema de mano,

has de saber, Clara, que
los non fagades de antaño
que hablaron con las doncellas
y las demás deste caso, 870
con las calzas atacadas
y los cuellos se llevaron
a Simancas, donde yacen
entre mugrientos legajos.
Don Escrúpulo de honor 875
fue un pesadísimo hidalgo,
cuyos privilegios ya
no se leen de puro rancios.
Yo he de vivir en la corte
sin melindres y sin ascos 880
del qué dirán, porque sé
que no dirán que hice agravio
a mi pundonor; y así,
derribado al hombro el manto,
descollada la altivez, 885
atento el desembarazo,
libre la cortesanía,
he de correr a mi salvo
los siempre tranquilos golfos
de calle Mayor y Prado, 890
cosaria de cuantos puertos
hay desde Atocha a Palacio.
Uso nuevo no ha de haber
que no le estrene mi garbo:
¿Amiga sin coche? Tate; 895
y ¿sin chocolate estrado?
No en mis días; porque sé
que es el consejo más sano
el mejor amigo el coche,
y él el mejor agasajo. 900

                    Las fiestas no ha de saberlas
                    mejor que yo el calendario:
                    desde el Ángel a San Blas,
                    desde el Trapillo a Santiago.
                    Si picaren en el dote   905
                    los amantes cortesanos,
                    que enamorados de sí
                    más que de mí enamorados,
                    me festejen, has de ver
                    que al retortero los traigo,   910
                    haciendo gala el rendirlos,
                    y vanidad el dejarlos.
                    Todo esto quiero que tengas,
                    Clara, entendido; y si acaso
                    vieres en mí...

Clara   ¿Qué he de ver,   915
                    si aun de escucharte me espanto?

(Don Alonso, muy alegre. Clara, Eugenia.)

Don Alonso   ¡Eugenia! ¡Clara!

Las dos   Señor.

Don Alonso   Pediros albricias puedo.

Las dos   ¿De qué?

Don Alonso   De la mejor dicha,
                    mayor bien, mayor contento   920
                    que sucederme pudiera,
                    después de llegar a veros.
                    Don Toribio Cuadradillos,

	hijo mayor y heredero	
	de mi hermano, mayorazgo	925
	del solar de mis abuelos,	
	llegará al punto: una posta	
	que se adelantó, me ha hecho	
	relación de que ahora queda	
	muy cerca de aquí.	

Eugenia   Por cierto   930
que pensé que había venido,
según tu encarecimiento,
algún plenipotenciario
con la paz del universo.

Don Alonso
(Llamando.)   Mari-Nuño.

(Mari-Nuño; después Brígida y Otánez. Dichos.)

Mari-Nuño   ¿Qué me mandas?   935

Don Alonso   Aderécese al momento
aquese cuarto de abajo,
y esté aliñado y compuesto.
(Llamando.)   Tú, ¡Brígida!
(Sale Brígida.)   Saca ropa
de la excusada.

Brígida   Ya tengo   940
un azafate, que pueden
beber su holanda los vientos.

(Vanse Mari-Nuño y Brígida.)

Don Alonso (Llamando.) ¡Otáñez!

(Sale Otánez)

Otánez Señor...

Don Alonso   Buscad
          algo de regalo presto,
          para que coma en llegando. 945
(Vase Otánez.) Y a las dos, hijas, os ruego
          le agasajéis mucho Ved
          que es vuestra cabeza; y creo
          que será la más dichosa
          la que le tenga por dueño, 950
          pues será escudera suya
(Aparte.) la otra. (Así inclinar pretendo
          a Eugenia.)

Eugenia   Yo desa dicha
          pocas esperanzas tengo,
          que Clara es mayor.

Clara   ¿Qué importa, 955
          si es más tu merecimiento?

Eugenia ¿Falsedad conmigo, Clara?

Don Alonso Ya en el portal hay estruendo.
          Oíd.

(Don Toribio, Otánez. Don Alonso y sus hijas.)

Don Toribio (Dentro.)   ¿Vive aquí un señor tío
          que yo en esta corte tengo, 960

	con dos hijas, por más señas	
	con quien a casarme vengo,	
	de dos la una, como apuesta?	

Otánez (Dentro.)   Ésta es la casa.

Don Alonso   Yo creo
que es él sin duda. Llegad   965
conmigo al recibimiento.

(Pasan los tres desde la sala al recibimiento, que está en el fondo del teatro.)

Don Toribio (Dentro.)   ¿Y está acá?

Otánez (Dentro.)   En casa está.

Don Toribio (Dentro.)   Pues
ten ese estribo, Lorenzo.

(Don Alonso va a encontrarse con don Toribio; Eugenia y Clara miran por la puerta hacia afuera.)

Eugenia   ¡Jesús!, ¡qué rara figura!

Clara   Tú tienes razón por cierto.   970

Eugenia   ¡Ay, que consintió mi hermana
en murmuración!

(Vuelve Don Alonso con Don Toribio, vestido de camino ridículamente.)

Don Alonso   Contento,
sobrino y señor, de ver
que haya concedido el cielo

	esta ventura a mi casa,	975
	salgo alegre a conoceros	
	por mayor pariente della.	
Don Toribio	Pues bien poco hacéis en eso;	
	que en el valle de Toranzos,	
	desde tamañito, tengo	980
	el ser cabeza mayor	
	adonde quiera que llego	
Don Alonso	Llegad: ved que vuestras primas	
	desean mucho conoceros,	
	y han salido a recibiros.	985
Don Toribio	Razonables primas tengo.	
Clara	Vos seáis muy bien venido.	
Don Toribio	Tanto favor agradezco.	
Don Alonso	¿Cómo venís?	
Don Toribio	Muy cansado;	
	que traigo un macho, os prometo,	990
	de tan mal asiento, que	
	me ha hecho a mí de mal asiento.	

(Pasan del recibimiento a la sala.)

Don Alonso	Mientras de comer os dan,	
	sentaos.	
Don Toribio	¿No será más bueno	
	el trocarlo, y que me den	995

(Siéntase.) de comer mientras me siento?
Pero por no ser porfiado,
que os sentéis los tres os ruego;
que yo de cualquier manera
estoy bien.

Clara (Aparte.) (¡Lindo despejo!) 1000

Eugenia (Aparte a Clara.)
(¿Ésta es mi cabeza?)

Clara Sí.

Eugenia En aqueste instante creo,
cierto, que soy loca, pues
tan mala cabeza tengo.

Don Toribio Finalmente, primas mías, 1005
como digo de mi cuento,
parece que sois hermosas,
ahora que caigo en ello;
y tanto, que ya me pesa
que seáis a la par tan bellos 1010
ángeles.

Las dos ¿Por qué?

Don Toribio Porque...
Mas explíqueme un ejemplo.
Escriben los naturales
que puesto un borrico en medio
de dos piensos de cebada, 1015
se deja morir primero
que haga del uno elección,

| | por más que los mire hambriento;
yo así en medio de las dos,
que sois mis mejores piensos,   1020
no sabiendo a cuál llegue antes,
me quedaré de hambre muerto. |

Don Alonso   ¡Oh sencillez de mi patria,
                     cuánto de hallarte me huelgo!

Clara   ¡Buen concepto y cortesano!   1025

Eugenia (Aparte.)   (De borrico es, por lo menos.)

Don Toribio   Mas remedio hay para todo.
                     ¿No ha de traerse, a lo que entiendo,
                     tío, una dispensación,
                     por razón del parentesco,   1030
                     para la una?

Don Alonso   Claro está.

Don Toribio   Pues traigan dos, que yo quiero
                     dar el dinero doblado;
                     y desa suerte, en teniendo
                     para cada una la suya,   1035
                     casaré con ambas. Pero,
                     ¡ah sí!, que se me olvidaba.
                     ¿Cómo estáis, saber deseo,
                     vos y mis señoras primas?

Don Alonso   Muy alegre y muy contento   1040
                     de ver mi casa y mis hijas,
                     y a vos, para que seáis dueño
                     del fruto de mis trabajos.

Don Toribio	Eso y mucho más merezco	
	Si vierais mi ejecutoria,	1045
	primas mías, os prometo	
	que se os quitarán mil canas.	
	¡Vestida de terciopelo	
	carmesí, y allí pintados	
	mis padres y mis abuelos,	1050
	como unos santicos de Horas!...	
	En las alforjas la tengo.	
	Esperad, iré por ella,	
	para que veáis que no os miento.	

(Mari-Nuño. Dichos.)

Mari-Nuño	La comida está en la mesa.	1055

(Espántase Don Toribio de ver a Mari-Nuño.)

Don Toribio	¡Ay, señor tío!, ¿qué es esto?	
	¿Trajisteis este animal	
	de las Indias?, que no creo	
	que es hombre ni mujer, y habla.	
Don Alonso	Es dueña.	
Don Toribio	¿Y es mansa?	
Mari-Nuño	(Aparte, a Eugenia.)	
	Ingenio	1060
	cerril tiene el primo.	
Eugenia	No es,	
	sino tonto por extremo.	

Don Alonso	Cómo queda vuestro padre y su casa, saber quiero.	
Don Toribio	No me haga mal hijodalgo de comedias, si me acuerdo.	1065
Mari-Nuño	La mesa está puesta.	
Don Toribio	¿Y dónde tenéis la mesa?	
Mari-Nuño	Allá dentro.	
Don Toribio	No sé si lo crea.	
Mari-Nuño	¿Por qué?	
Don Toribio	Porque la instrucción que tengo es, que no me crea de dueñas. Pero yo lo veré presto. Perdonadme, que no soy amigo de cumplimientos.	1070

(Vase.)

(Don Alonso, Clara, Eugenia, Mari-Nuño.)

Clara (Aparte.)	(¡Lindo primo, por mi vida!)	1075
Mari-Nuño (Aparte.)	(Él no es galán; pero es puerco.)	
Eugenia (Aparte.)	(Las guardas de peste ¿cómo entrar le dejaron dentro?)	

Don Alonso	¿De qué estáis tristes las dos?
Las dos	Yo de nada.
Don Alonso	Ya os entiendo. 1080

      ¡Os habrá el estilo y traje
desagradado! Pues esto
es lo más y lo mejor
que tiene: veréis cuán presto
le mejoran corte y trato.   1085
Los más vienen así, y luego
son los más agudos. Mas
explicaros cuán contento
y alegre estoy, no es posible,
de ver que vuelva a mis nietos   1090
la casa de mis mayores.
Don Toribio, ¡vive el cielo!,
se ha de casar con la una,
sin pensar la otra por eso
que no ha de casar con otro   1095
como él; porque no quiero
que lo que a mí me ha costado
tanta fatiga y anhelos,
me malbarate un mocito
que gaste en medias de pelo   1100
más que vale un mayorazgo.
Si viera por un sombrero
de castor dar veinte o treinta
reales de a ocho yo a mi yerno
sacados de mi sudor,   1105
perdiera mi entendimiento;
y así no hay que hablar, sino
persuadiros desde luego

| | que éste y otro como éste |
| | han de ser esposos vuestros. 1110 |

(Vase.)

Clara   Primero pierda la vida.

Eugenia   La vida no; mas primero
             me quedaré sin casar,
             que es más encarecimiento.

             Fin de la primera jornada

Jornada segunda

(Sala en casa de don Félix.)

(Don Félix, Don Juan, Hernando.)

Don Félix	¿Cómo habéis, don Juan, pasado
la noche?

Don Juan	¿Cómo pudiera,
don Félix, en vuestra casa,
sino muy bien, puesto que ella
de mi tristeza no tiene   5
la culpa?

Don Félix	Pues ¿qué tristeza
ea la que ahora os aflige?

Don Juan	No sé cómo os la encarezca
Desde el instante que vi
esa divina belleza   10
que aún en mi memoria vive
a pesar de tanta ausencia,
todas aquellas cenizas,
que entre olvidadas pavesas,
aún no juzgué que eran humo,   15
llama han sido: de manera
que conocí que han estado
en ocioso fuego envueltas,
tibias, pero no apagadas;
calladas, pero no muertas.   20
No volví a verla ayer tarde,
porque no volvió a la reja;
y así, hoy con la esperanza

      de que siendo día de fiesta
      no dejará de salir,   25
      he madrugado por verla.
      A la puerta de la calle
      voy a esperar que amanezca
      segundo Sol para mí.
      Vos haced, por vida vuestra,   30
      puesto que no importa el caso,
      que nada don Pedro entienda.

(Vase.)

Don Félix   ¿Habrá hombre tan necio como
      el que hallar memorias piensa
      en una mujer, al cabo   35
      de tantos años de ausencia?

Hernando   Déjale que con su engaño
      viva.

Don Félix   Un cortesano, que, era,
      decía, el engaño la cosa
      que más y que menos cuesta   40
      Veamos estotro doliente
      en qué estado está, ya que esta
      casa, de locos de amor
      se ha vuelto convalecencia.

(Don Pedro. Don Félix, Hernando.)

Don Félix   ¿Qué hay, don Pedro? Buenos días.   45

Don Pedro Fuerza será que lo sean,
      recibiéndolos de vos

	y en vuestra casa, por vuestra,	
	y por la dicha de estar	
	mis esperanzas tan cerca.	50
	No creeréis cuánto gozoso	
	y ufano estoy de que sea	
	vuestra vecina esta dama;	
	pues con eso, cosa es cierta	
	que para verla, don Félix,	55
	dos mil ocasiones tenga;	
	y por no perder ninguna	
	voy a esperarla a la puerta,	
	pues sin duda que hoy a misa	
	habrá de salir por fuerza.	60
Don Félix	En ella don Juan aguarda.	
Don Pedro	Así se hará la deshecha	
	mejor, paseándonos todos.	
	Vos, aunque llevaros quiera	
	a otra parte, no vais; pero	65
	de suerte que nada entienda.	

(Vanse.)

(Calle.)

(Don Félix y Don Pedro, encontrándose con Don Juan.)

Don Félix	¿Qué hacéis, don Juan?	
Don Juan	Esperaros	
	para saber a qué iglesia	
	queréis que vamos a misa.	
(Aparte a él.)	(De aquí no hagamos ausencia.)	70

55

Don Pedro

(Aparte a él.)

Don Félix (Aparte.)

Lo mismo le decía yo
Vamos adonde os parezca.
(No os vais, don Félix, de aquí.)

(Desta suerte fácil fuera
servir un hombre a dos amos, 75
mandando una cosa mesma.)
Vuesarcedes, caballeros
muy enamorados, ¿piensan
que no hay más que irse y llevarme
cada cual a su querencia? 80
Pues no, ¡vive Dios!, que hoy
se han de estar donde yo quiera;
que quiero yo enamorar
también un día en conversa.
Y así, hasta que mis vecinas 85
salgan y vamos tras ellas,
para ver la que me toca
festejar (pues cosa es cierta
que yo la que quiero más,
es la que tengo más cerca), 90
no se ha de ir de aquí ninguno.

Don Pedro

Por mí sea norabuena.

Don Juan

Por mí también.

Don Pedro
(Aparte a don Félix.)

(¡Lindamente
habéis hecho la deshecha
con don Juan!)

Don Juan

(Aparte a don Félix.)	(¡Bien con don Pedro desmentido habéis mis penas!)	95
Don Félix (Aparte.)	(Mas lo hago por saber si es que es la dama una mesma. Y si es la que de las dos... Mas no prosiga mi lengua; que es tarde para que a mí beldad alguna me venza.)	100
Don Juan	Pues ya que queréis, don Félix, que os asistamos, no sea tan de balde, que no os cueste el pagarnos una deuda que no debéis.	105
Don Pedro	Es verdad, y es famosa ocasión ésta, pues solo para hacer hora son las relaciones buenas.	110
Don Félix	Yo me huelgo, pues así hablaré un rato siquiera, sin que a la mano me vayan con amor, celos y ausencia. —Con el general contento, Madrid, digno a su fineza, a su lealtad y su amor, oyó las felices nuevas de las bodas de su rey; y más cuando supo que era la divina Mariana...	115 120
Don Juan	Tened, que dejar es fuerza	

	otra vez la relación
	para otra ocasión suspensa.

Don Félix	¿Por qué?

Don Juan	Porque sale gente.	125

Don Félix	¿Cuánto va que se me queda
	la relación en el cuerpo,
	y vienen otros a hacerla?

Don Pedro	Un criado es el que sale,	
	que a su amo sin duda espera.	130

Don Juan	Bien podéis ya proseguir.

Don Félix	Digo que en gozosa muestra	
	del alegría de todos...	
	—Pues todos juntos quisieran	
	significar los afectos	135
	en regocijos y fiestas;	
	y aunque, como vos dijisteis,	
	caminan con su pereza	
	las dichas, y no es el gusto	
	correo a toda diligencia;	140
	con todo eso...— llegó el día	
	de saberse que en Viena	
	el rey desposado estaba,	
	remitiéndole que ejerza	
	sus poderes Ferdinando,	145
	rey de Hungría y de Bohemia:	
	Ferdinando, ínclito joven,	
	en quien la sacra diadema	
	de rey de romanos, presto	

hará la elección herencia. 150
Él, pues, no del poder solo
usó, más de la fineza:
Con que sirviendo a su hermana,
hizo de la corte ausencia.
Dejemos en el camino 155
las dos majestades (que ésta
no es la acción que a mí me toca,
ya que vos con la agudeza
de vuestro ingenio dijisteis
el aparato y grandeza), 160
y vamos a que Madrid,
desvelada, fiel y atenta
al servicio de sus reyes,
que es de lo que más se precia,
en tanto que prevenía 165
la usada lid de sus fiestas,
convidó lo más ilustre
de la española nobleza,
para una máscara; haciendo
(fuese acaso o diligencia) 170
a propósito de bodas
ceremoniosa la fiesta;
porque si a la antigüedad
revolvéis humanas letras,
hallaréis cómo en las nupcias 175
aun menos ilustres que éstas,
con antorchas en las manos
corrían tropas diversas
a quien llamaban preludios,
invocando la suprema 180
deidad del sacro Himeneo,
a cuyas aras las teas
sacrificaban, cantando

epitalamios, en prendas
de que a aquellos casamientos 185
favorable a asistir venga.
Y así de la antigüedad
tomando Madrid aquella
parte festiva, y dejando
la gentílica depuesta, 190
usó el regocijo solo,
mejorando ilustre y cuerda
el rito, pues que fue dando
al cielo gracias inmensas
de sus dichas, cuyas voces 195
variamente lisonjeras,
fueron el epitalamio
que España cantó contenta,
en música, que es confusa,
más dulce, si no más diestra. 200
En toda mi vida vi
tan hermosa tropa bella,
como la máscara junta,
cuando al compás de trompetas,
clarines y chirimías 205
empezaron a moverla
los dos polos que de España
y de Alemania sustentan
la política, bien como
dando generosas muestras 210
de que Alemania y España
por todo, el tiempo interesan,
una en que tal prenda da,
y otra en que admite tal prenda
Bien quisiera yo pintarlos; 215
pero aunque más lo pretenda,
no es posible, si no es

que la retórica quiera,
en sus figuras prestarme
el uso de sus licencias, 220
cometiendo una que llaman
tropo de prosopopeya,
que es cuando lo no posible
bajo objeto de la idea,
o callando se imagina, 225
o hablando se representa.
Porque si no es que finjáis
allá en la fantasía vuestra
bajar de púrpura un monte,
arder de plata una selva, 230
y de selva y monte luego
formáis un monstruo, que a fuerza
de nuevo metamorfosis
todo en fuego se convierta,
no podréis imaginar 235
cómo aquel peñasco era
de luz y nácar y plata,
en cuya abrasada selva
fueron las plumas las flores,
y las hachas las estrellas. 240
Tan iguales todos juntos
y cada uno, que no hubiera
pareja que poder darles,
si ellos mismos no se hubieran
antes convenido a ser 245
ellos mismos sus parejas.
Cuando del un puesto al otro
corrían las tropas, eran
disueltas exhalaciones
y dilatados cometas. 250
Tan hermosa fue la noche,

que el día entre pardas nieblas
sucedió por muchos días
la faz de nubes cubierta,
llorando lo que llovía, 255
o de envidia o de vergüenza.
Hasta que desempeñada
vio su luz con la belleza
del día, que vio la plaza
para los toros dispuesta. 260
Porque aunque su hermoso circo
siempre ha sido heroica afrenta
de cuantos anfiteatros
Roma en ruina nos acuerda,
nunca con más causa, pues 265
nunca se vio su grandeza,
a fuer de dama, ni más
despejada ni más bella
ser, que cuando vio que a tropas
ocupaban la palestra 270
de los lucidos criados
las adornadas catervas,
que como a triunfo trajeron
los grandes héroes, que en ella
la suerte han hecho precisa; 275
porque ya el acaso deja
de ser acaso, pues ya
no viene a ser sino fuerza
el que ha sacado al acierto
del nombre de contingencia. 280
A ninguno he de nombraros,
y es justo; que no quisiera
que habiendo ya tantas plumas
pintado a sus excelencias,
los desluciesen ahora 285

cortedades de mi lengua.
Solo os diré que no hubo
bruto que armada la testa,
la piel manchada, arrugado
el ceño, hendida la huella, 290
dilatado el cuello, el pecho
corto, la cerviz inhiesta,
de una vez escriba osados
caracteres en la arena,
como quien dice: «Ésta es 295
o vuestra huesa o mi huesa»,
que no fuese triunfo fácil
del primor y la destreza,
del que más hidalgo bruto
soberbio con la obediencia, 300
dócil con la lozanía,
sus amenazas desprecia
al tacto del acicate,
o al aviso de la rienda;
pues ya el asta y ya la espada 305
en ambas acciones diestra,
airosamente mezclaban
la hermosura y la fiereza.
Feliz acabó la tarde,
quedando Madrid contenta 310
con ella y con la esperanza
de que su deidad se acerca:
y así, solo en prevenciones
desde entonces se desvela,
porque siendo, como es, 315
la corte el centro y la esfera
que ha de merecer lograrla
más suya, desaire fuera,
habiendo de paso tantas

ciudades héchola fiestas, 320
exceder ella en las dichas,
y las otras en finezas:
y más estando a su aplauso
las naciones extranjeras,
o de envidiosas pendientes, 325
o de curiosas atentas.
Y así, la prolijidad
de las horas de la ausencia
gastó solo en disponer
aparatos, que ahora es fuerza 330
que yo remita a mejor
pluma que nos los refiera,
diciendo ahora solamente
que la señora condesa
de Medellín, de Cardona 335
ilustre familia excelsa,
a Denia fue a recibirla
como mayor camarera,
adonde esperó hasta el día
de la deseada nueva 340
de que ya su Majestad
(que Dios guarde) estaba en Denia.
Aquí el señor almirante
a darla la enhorabuena
de parte del rey salió; 345
y aunque salió a la ligera,
fue con aquel lucimiento
digno a ser quien es; que fuera
en su excelencia muy tibia
la disculpa de la priesa. 350
De deudos, criados y amigos
fue el séquito de manera,
que a no hacer particular

elección, pienso que fuera
dejar sin gente a Castilla; 355
que de un almirante della,
¿quién de ser deudo, o amigo,
o criado se reserva?
¡Oh felice casa, adonde
entre todas tus grandezas, 360
el afecto es patrimonio,
y lo bien visto es herencia!
En este intermedio, pues,
hizo Madrid diligencias
más afectivas en orden 365
a que todo se prevenga
con majestad y aparato,
para la entrada a la reina,
asistida dignamente
del que tío la festeja, 370
del que esposo la merece,
del que amante la celebra,
poniendo a sus pies dos mundos;
pues como cuarto planeta,
cuanto ilumina, la postra, 375
cuanto dora, la sujeta,
coronándola tres veces,
esposa, sobrina y reina.
Con que hasta el felice día
que nuestros ojos la vean 380
entrar triunfante en su corte,
mi relación se suspenda,
divertida en la esperanza
de que generosa venga
a ser fin de nuestras ansias, 385
término de nuestras penas,
logro de nuestros deseos,

	y a par de las dichas nuestras,
	con felice sucesión
	nos viva edades eternas.	390
Don Juan	La relación con el tiempo
	se ha medido de manera,
	que acabarla y salir gente,
	ha sido una cosa mesina.
Don Pedro	Sí, mas no la que esperamos.	395
Don Félix	No, porque es el padre dellas.
Don Juan (Aparte.)	No le conocí hasta ahora
	(que en mi tiempo estaba fuera).
Don Pedro (Aparte.)	Nunca hasta ahora le vi
	(que yo siempre amé en su ausencia).	400
Don Juan	¿Quién es el que con él viene?
Hernando	Yo podré dar esa cuenta.
	Es un sobrino asturiano,
	con quien el padre desea
	casar una de las dos.	405
Don Juan (Aparte.)	(Quiera el cielo, que no sea
	la novia la que yo adoro.)
Don Pedro (Aparte.)	(Plegue a Dios que no sea Eugenia.)

(Don Alonso; Don Toribio, vestido de negro, ridículo. Don Félix, Don Juan, Don Pedro, Hernando.)

Don Félix	Pasémonos.
Don Toribio	Como digo, ¿qué hacen, tío, a nuestra puerta estos mocitos?
Don Alonso	¿No están en la calle? ¿Qué os altera?
Don Toribio	¡En la calle de mis primas, sin más ni más, se pasean!
Don Alonso	Pues ¿por qué no?
Don Toribio	Porque no me ha de haber paseante en ella ni piante, ni mamante; y más éstos de melena, que Filenos de golilla, de candil y bigotera, andan cerrados de sienes y trasparentes de piernas.
Don Alonso	¿Qué habemos de hacer, si son vecinos?
Don Toribio	Que no lo sean.
Don Alonso	¿Cómo, si tienen aquí sus casas?
Don Toribio	Que no las tengan.
Don Félix	Fuerza es hablarle. Yo llego,

410

415

420

425

                        pues buena ocasión es ésta.
                        Dadme, señor don Alonso,
                        aunque de paso, licencia   430
                        para besaros la mano
                        y daros la enhorabuena
                        de haber al barrio venido;
                        que aunque excusarlo debiera
                        hasta estar en vuestra casa   435
                        y visitaros en ella,
                        el alborozo de ver
                        que tan buen vecino tenga,
                        dilatar no me permite
                        que a su servicio me ofrezca.   440

Don Pedro   Todos lo mismo decimos.

Don Toribio (Aparte.)   (¡Qué ceremonia tan necia!)

Don Alonso   Guárdeos Dios por la merced
                        que me hacéis; que si supiera
                        la dicha de mereceros   445
                        tantos favores, hubiera
                        cumplido mi obligación,
                        visitandoos en la vuestra.
                        Conoced a mi sobrino,
                        que quiero que desde hoy sea   450
                        vuestro servidor.

Don Toribio   (Aparte a Don Alonso)
                                    (¿Yo había
                        de ser alhaja tan puerca?)

Don Alonso   Ésta es acción cortesana.

Don Toribio	Mas me huele a corte enferma.	
Don Alonso	Llegad, don Toribio: ved que estos señores esperan conoceros.	455

(Llega Don Toribio.)

Don Juan	En nosotros tendréis a vuestra obediencia hoy amigos y criados.	
Don Toribio	Guárdeos Dios por la fineza.	460
Don Félix	¿Venís con salud?	
Don Toribio	Al cielo gracias, ni mala ni buena, sino así así, entreverada, como lonja de la pierna.	
Don Alonso	Más despacio besaré vuestras manos: dad licencia...	465
Don Félix	Vos la tenéis.	
Don Alonso	Don Toribio, venid.	
Don Toribio	(Aparte a Don Alonso.) (¿Aquí te los dejas?)	
Don Alonso	¿Qué he de hacer?	

Don Toribio	Yo lo sé.
Don Alonso	¿Adónde vas?
Don Toribio	A dar a casa vuelta. 470
Don Alonso	¿A qué?
Don Toribio	A decir a mis primas que en todo hoy no salgan fuera
Don Alonso	¿Han de quedarse sin misa?
Don Toribio	¿Qué dificultad es ésa? Mi ejecutoria les basta 475 para ser cristianas viejas.
Don Alonso	¡Jesús, y qué disparate! Venid, venid: no lo entiendan esos hidalgos.
Don Toribio	Por Dios, que si por mi voto fuera, 480 no habían de salir de casa, quisieran o no quisieran.

(Vanse Don Alonso y Don Toribio.)

Don Félix	No sé cómo fue posible...
Don Juan	¿Qué?
Don Félix	Que la risa detenga,

                              viendo al primo.

Don Pedro   ¡Qué figura   485
                tan rara!

Don Juan   Extraña presencia
                de novio.

(Clara y Eugenia, con mantos; Otánez delante, y Brígida y Mari-Nuño detrás. Don Félix, Don Juan, Don Pedro, Hernando.)

Hernando   Ya las dos salen.

Don Félix   Desde aquí podremos verlas,
                    como acaso.

Clara   Échate el manto,
                    que hay gente en la calle, Eugenia.   490

Eugenia   ¿Qué he hecho yo para no andar
                    con la cara descubierta?

Otánez   ¡Tomad! ¡Luego la faltara
                    a la hermanica respuesta!

Mari-Nuño   Callad, que no os toca a vos   495
                    hablar en estas materias.

Brígida   Ni a vos en éstas ni esotras,
                    y habláis en esotras y éstas.

Don Félix   Pasemos ahora al descuido.

Don Juan (Aparte.) (¡Oh, permita amor que en ella   500

                        al verme, estén sus memorias,
                        ya que no vivas, no muertas!)

Don Pedro (Aparte.)   (¡Oh, plegue a Dios que se obligue
                        de ver que he venido a verla!)

Clara   Advierte que llega gente.   505

Eugenia   Y bien, la gente que llega,
                        ¿qué se lleva por llevarse
                        hacia allá esta reverencia?
(Saluda Eugenia. Trae un lienzo en la mano.)
(Aparte.)   (Mas ¡cielos! ¿Qué es lo que miro?
                        Don Juan es. Ya de su ausencia   510
                        debió de cesar la causa;
                        y no es mi duda sola ésta,
                        sino estar con él don Pedro.
                        Aquesta es la vez primera
                        que ha sido por ignorancia   515
                        amiga la competencia.)

Don Félix (Aparte a él.) (¿Cuál es de las dos, don Juan,
                        la que tanto amor os cuesta?)

Don Juan   (Aparte a don Félix.)
                        (La del pañuelo en la mano.
                        No volváis tan presto a verla;   520
                        no advierta que de ella hablamos.
                        Y porque tampoco advierta
                        don Pedro mi turbación...)
(Alto.)   Voy a esperar a la iglesia.
(Aparte a Don Félix.)   (Quedaos vos con él.)

Don Félix   Sí haré.   525

(Vase Don Juan.) Don Pedro, ¿cuál es de aquéllas?

Don Pedro La que, en la mano un pañuelo,
descubierta va, es Eugenia.
No volváis tan presto; no
conozca que hablamos della. 530
Quedaos, que porque no dé
mi amor a don Juan sospecha,
tras él voy.

(Vase.)

Don Félix (Aparte.) (Ya sé, a lo menos,
que la dama es una mesma.)

Clara Sin pañuelo me he venido, 535
el tuyo, hermana, me presta;
que ir tapada me congoja.

(Destápase.)

Eugenia A mí el venir descubierta,
pues por si fue encuentro acaso,
que me hayan visto me pesa. 540

(Tápase y da el pañuelo a Clara.)

Don Félix (Aparte.) (Ya puedo ver, pues que tengo
nombre, seña y contraseña,
cuál es la dama que adoran.)

Clara No a mirar el rostro vuelvas.

Eugenia ¡Jesús, y qué condición! 545

                Lástima es que no seas suegra,
                según te pudres de todo.

(Vanse las damas, Otánez, Brígida y Mari-Nuño.)

(Don Félix, Hernando.)

Don Félix	¡Oh, cuánto he sentido verla!	
	Que aunque estoy con el cuidado	
	de que aquesta competencia,	550
	el día que se declare,	
	ha de parar en pendencia;	
	siendo la dama una misma,	
	ya para mí se acrecienta	
	ver que de las dos ha sido,	555
	aunque entrambas son tan bellas,	
	la que me lo pareció	
	más, cuando la vez primera	
	vi a las dos en la ventana.	
	Pero esto ahora no es de esencia,	560
	que yo acabaré conmigo	
	que mi honor a mi amor venza,	
	sino acudir a estorbar	
	que a desengañarse vengan,	
	en tanto que yo a la mira	565
	discurro de qué manera	
	entre dos amigos que hacen	
	de mí confianza, deba	
	prevenir el lance, haciendo	
	a su estorbo diligencia.	570

(Vase.)

(Don Toribio y Don Alonso.)

Don Alonso   ¿A qué volvéis aquí?

Don Toribio   ¿A qué
he de volver, ¡pese a mí!,
sino a escombrarlos, si aquí
están los que aquí dejé?

Don Alonso   Pues ¿qué os va en eso?

Don Toribio   ¿Qué más   575
queréis que a un hidalgo vaya,
que ver que holgazanes haya
adonde hay primas?

Don Alonso   Jamás
tan necia locura vi.
En Madrid, ¿quién reparó   580
si hay gente en la calle?

Don Toribio   Yo.

Don Alonso   Y vos ¿por qué?

Don Toribio   Porque sí.

Don Alonso   Aun bien que se han ausentado,
y ya nadie aquí se ve.

Don Toribio   Acertáronlo, porque   585
venía determinado.

Don Alonso   Pues ¿qué era vuestra intención?

Don Toribio	Solo ver si la anchicorta,	
	como en caperuzas, corta	
	en sombreros de castrón.	590
Don Alonso	Vos ¿qué tenéis que temer,	
	para llegar a ese extremo?	
Don Toribio	Mucho tengo y nada temo;	
	que desde que llegué a ver	
	de mis primas los dos cielos,	595
	si verdad digo, señor,	
	tengo a Eugenia tanto amor,	
	que aun los hombres me dan celos.	
Don Alonso	Aunque esas cosas me dan	
	enfados, he agradecido	600
	que os entréis a ser marido	
	por las puertas de galán.	
	Pero ha de ser con cordura;	
	que celos no ha de tener	
	un hombre de su mujer.	605
Don Toribio	Pues ¿de cuál?, ¿de la del cura?	
Don Alonso	Dejad delirios, por Dios,	
	y baste saber de mí,	
	si es Eugenia la que aquí	
	os agrada de las dos,	610
	que Eugenia vuestra será...	
(Aparte.)	(Que es lo que yo deseaba.)	
Don Toribio	Con eso el rencor se acaba,	
	que el verlos aquí me da	
	a nuestra calle volver	615

	en tanta conversación.
Don Alonso	Pues yo la dispensación haré al instante traer. Venid ahora, que quiero ganar las albricias yo 620 de ser la que prefirió vuestro amor.
Don Toribio	Oíd primero. La dispensación, señor, ¿de Roma no ha de venir?
Don Alonso	Por ella a Roma se ha de ir. 625
Don Toribio	Pues siendo así, ¿no es mejor abreviarlo de otro modo?
Don Alonso	¿Qué modo?
Don Toribio	Uno que yo sé.
Don Alonso	¿Qué es?
Don Toribio	Desposarnos, y que vamos a Roma por todo. 630

(Vanse.)

(Don Félix, Don Juan.)

Don Félix	Yo estimo la confianza.
Don Juan	Pues habiendo reparado

	que al verme el color mudado,	
	hizo su rostro mudanza,	
	que no la hizo, sospecho,	635
	su amor, y que está constante,	
	porque es el rostro volante	
	del reloj que anda en el pecho.	
	Y así, pues que solo ha sido	
	mi dicha el haber llegado	640
	donde de vos amparado	
	sea amor tan bien nacido;	
	lo que habéis de hacer por mí	
	(puesto que entablada ya	
	la amistad del padre está),	645
	es proseguir desde aquí	
	de suerte, que con entrar	
	vos en su casa, me dé	
	ocasión amor en que	
	pueda escribir, ver y hablar.	650
Don Félix (Aparte.)	(¡En buen empeño de amor	
	estoy!, pues en lance igual,	
	si a un amigo soy leal,	
	soy a otro amigo traidor.)	
Don Juan	¿No me respondéis?	
Don Félix	No sé	655
	qué os diga, don Juan, pues no	
	soy hombre tan bajo yo,	
	que ocasión procuraré	
	con nadie para engañarle.	
Don Juan	¿Cuál es amigo mayor?	660

(Don Pedro. Don Félix, Don Juan.)

Don Pedro	Don Félix, si de mi amor...
Don Félix (Aparte.)	(Que prosiga he de estorbarle.)
	A buen tiempo habéis venido,
	y luego proseguiréis
	lo que decirme queréis; 665
	que quiero que prevenido
	de una porfía en que estamos,
(Aparte.)	seáis juez. (Así, vive Dios,
	tengo de hablar con los dos.)
Don Pedro	El argumento esperamos. 670
Don Félix	Si un grande amigo os pidiera
	que trabaseis amistad
	con hombre de calidad,
	para que fuese tercera
	en su casa de su amor, 675
	¿hiciéraislo vos?
Don Pedro	Yo sí.
Don Félix	Yo no.
Don Pedro	¿Por qué?
Don Félix	Porque en mí
	fuera escrúpulo traidor;
	pues el día que llegara
	de traición a otro que fuera 680
	mi amigo, preciso era
	lo lograra o no lograra.

	Si no lo lograra, ¿en qué	
	a mi amigo le servía?	
	Y si lo lograra, hacía	685
	una gran ruindad, porque	
	el que engañado de mí,	
	se daba ya por mi amigo,	
	ya lo era, y yo su enemigo:	
	Es cierto; pues siendo así,	690
	¿cómo es posible que yo	
	sea enemigo del que ya	
	por mi amigo se me da?	
	Luego si en no serlo no	
	es nada lo que consigo,	695
	y en serlo consigo ser	
	su amigo, ¿cómo he de hacer	
	yo traición al que es mi amigo?	
Don Pedro	Siendo esa vuestra opinión,	
	ya no tengo que os decir.	700

(Vase.)

Don Juan	Yo tampoco, y habré de ir
	a buscar otra ocasión.

(Vase.)

Don Félix	¿Habrá desdicha mayor?	
	¿Que no me baste el no amar,	
	para saberme librar	705
	de impertinencias de amor?	
	¿Qué haré entre uno y otro amigo,	
	que cada uno en su esperanza	
	hace de mí confianza?	

       Pues nada enmendar consigo,   710
       viendo tan cerca a los dos
       de la dama, ¿qué podré
       de mi parte hacer? No sé
       que haya medio, vive Dios,
       si ya no es que a ver alcance   715
       que las damas solas son
       las que en cualquiera ocasión
       hacen bueno o malo el lance.
       Mas ¿cómo podré atrevido
       hablar en materia tal   720
       a una mujer principal,
       ni darme por entendido?
       Cara a cara he de saber
       si a los dos quiso o no quiso;
       pero hasta dar el aviso,   725
       un papel lo podrá hacer;
       que a su opinión no se atreve
       quien por salvar su opinión,
       la advierte de una ocasión.
       Ahora falta quien le lleve...   730
       Pero ¿ha de faltarme modo,
       sin que lo llegue a fiar
       de otro, de poderle dar?
       Ahora bien, salir a todo
       me toca, haciendo testigos   735
       los cielos, que aventurar
       yo un empeño, es por sacar
       de otro empeño a dos amigos.

(Vase.)

(Sala en casa de don Alonso.)

(Eugenia, Clara, Brígida, Mari-Nuño.)

Clara	Ten, Mari-Nuño, este manto.	
	¡Oh, quién en casa tuviera	740
	capellán, para no ir fuera,	
	y más a concurso tanto!	
Eugenia	Mucho me holgara venir	
	ahora de buen humor,	
	para poder con mejor	745
	título que tú, decir:	
	¡quién la parroquia tuviera	
	diez leguas, para tener	
	más que andar y más que ver!	
Mari-Nuño	Aténgome a la primera.	750
Brígida	Yo a la segunda.	
Mari-Nuño	¿Por qué?	
Brígida	Porque no he visto en mi vida	
	escrupulosa aturdida,	
	que al primer lance no dé	
	de ojos.	

(Vanse Mari-Nuño y Brígida.)

(Don Alonso; Don Toribio, que se queda a la puerta. Clara, Eugenia.)

Don Alonso	En tu cuarto espera,	755
	que yo la llegaré a hablar.	
Don Toribio (Aparte.)	Sí haré. (Desde aquí escuchar	

                              lo que responde quisiera.)

(Quédase al paño.)

Don Alonso (Aparte.)   (Saber que a Eugenia eligió
                        ha sido ventura extraña: 760
                        llévesela a la montaña,
                        porque lo menos que yo
                        en la corte he menester,
                        es una hija discreta,
                        retórica ni poeta,   765
                        y no de mal parecer.)
                        Eugenia, yo vengo a hablarte;
                        no tienes, Clara, que irte;
(A Eugenia.)   que albricias he de pedirte
(A Clara.)   del pésame que he de darte.   770

Eugenia   ¿Albricias a mí, señor?

Clara   ¿Pésame, señor, a mí?

Don Alonso   Pésame y albricias, sí.

Las dos   ¿De qué?

Don Alonso   Efectos son de amor.
                        Don Toribio, enamorado,   775
                        me ha dicho cuánto desea
                        que Eugenia su mujer sea;
                        y aunque ponerte en estado
(A Clara.)   a ti, por ser la mayor,
                        primera obligación era,   780
                        él elige de manera,
                        que del gozo y del dolor,

(A Eugenia.) (A las dos.)	pésame tuyo a ser pasa. Hoy tu parabién, por ver que pierdes, y ganas, ser la cabeza de tu casa.	785
Clara	Aunque pérdida es penosa, yo estimo que el bien posea Eugenia, para que sea mi hermana la venturosa, feriando el pesar a precio del parabién que la doy.	790
(Aparte.)	Gócesle mil años. (Hoy solo hizo gusto el desprecio.)	

(Vase.)

(Don Alonso, Eugenia; Don Toribio, oculto.)

Don Toribio	(Aparte al paño.) (¡Qué triste va de perderme la escudera de su hermana! Veamos ella qué ufana responde de merecerme.)	795
Eugenia (Aparte.)	(Esto solo me faltaba que añadir confusa estoy a las novedades de hoy.)	800
Don Alonso	¿Qué me respondes? Acaba de dudar.	
Eugenia	Que agradecida una y mil veces, señor, rindo por tanto favor	805

	a tu obediencia mi vida. Que aunque no me toca a mí elegir, pues no he de hacer nunca más que obedecer, haré mal, si viendo en ti gusto, en mi primo amor fiel, no respondo agradecida...	810
(Aparte.)	(¡Mal haya mi alma y mi vida, si me casare con él!)	
Don Alonso	No en vano esperaba yo de tu mucho entendimiento, Eugenia, ese rendimiento.	815
Don Toribio (Aparte.)	(Yo también.)	
Don Alonso	Él esperó en su cuarto, y ganar quiero con él las gracias también.	820
(Vase.)		
Don Toribio (Aparte.)	(Que a mí las gracias me den, será más razón.)	
Eugenia	Hoy muero, pues tras mis penas, he sido objeto de un ignorante.	

(Don Toribio, que sale de donde estaba. Eugenia.)

Don Toribio (Aparte.)	(¡Qué airoso sale un amante, cuando está favorecido!) Sea muy enhorabuena	825

                            el ser, prima, tan dichosa,
                            que merezcáis ser mi esposa.

Eugenia (Aparte.)   ¡Esto faltaba a mi pena!   830

(Vuelve la espalda.)

Don Toribio   ¿Por qué adorándome...

Eugenia (Aparte.)   (¡Ay Dios!)

Don Toribio   ¿Me desadoráis?

Eugenia   Porque,
                            si antes con mi padre hablé,
                            ahora he de hablar con vos.
                            Señor don Toribio, yo,   835
                            por no responder aquí
                            resuelta a mi padre, di
                            una palabra, que no
                            he de cumplir, si supiera
                            perder mil veces, rendida   840
                            a sus enojos, la vida.
                            Y siendo desta manera
                            que no he de casar con vos,
                            de la elección desistid
                            que habéis hecho, y advertid   845
                            que estamos solos los dos:
                            y si de lo que aquí os digo,
                            algo a mi padre decís,
                            he de decir que mentís.

Don Toribio   ¿Cómo se habla eso conmigo,   850
                            escudera de mi casa,

	ingrata, desconocida,	
	falsa, aleve y fementida?	
Eugenia	No deis voces; que esto pasa	
	entre los dos, y no es, no,	855
	para que salga de aquí.	
Don Toribio	¿Vos no sois mi prima?	
Eugenia	Sí.	
Don Toribio	¿No soy vuestro esposo?	
Eugenia	No.	
Don Toribio	Decidme, ¿no soy galán?	
Eugenia	No lo dudo.	
Don Toribio	¿Y entendido?	860
Eugenia	¿Pues no?	
Don Toribio	¿Hidalgo?	
Eugenia	Cierto ha sido.	
Don Toribio	¿Airoso?	
Eugenia	Mucho.	
Don Toribio	¿Y amante?	
Eugenia	También.	

Don Toribio	Pues de mis cuidados	
	¿en qué estriban los desvelos?	
Eugenia	Preguntádselo a los cielos,	865
	a los astros y a los hados,	
	que no inclinan mi albedrío.	
Don Toribio	Pues en algo está el busilis.	
Eugenia	En que vos no tenéis filis	
	para ser esposo mío.	870

(Vase.)

Don Toribio	¿Cómo que filis no tengo?	
	¿Tal a un hombre se le dice,	
	que tiene un solar con más	
	de tantísimos de filis,	
	que no hay otra cosa en él,	875
	por do quiera que se mire,	
	sino filis como borra?	
	Que aunque yo qué es no adivine,	
	bien lo puedo asegurar;	
	pues siendo algo que sea insigne,	880
	es preciso que no deje	
	de estar allá entre mis timbres.	
	¡A mí, que filis no tengo!	
	¿Esto los cielos permiten?	
	¿Esto consienten los hados?	885
	Prima, ved lo que dijisteis:	
	más filis tengo que vos.	

(Don Alonso. Don Toribio.)

Don Alonso	¿Adónde, sobrino, os fuisteis,	
	cuando os busco para daros	
	mil norabuenas felices	890
	de que vuestra prima ya	
	agradecida y humilde,	
	sabiendo vuestra elección,	
	no hay cosa que más estime?	
Don Toribio	Mi prima (si es que es mi prima)	895
	es una mujer terrible,	
	con todos sus aderezos	
	de sirena, áspid y esfinge.	
	Aquí me ha dicho una cosa,	
	que no pudiera decirse	900
	a un barquillero asturiano	
	de los de quite y desquite.	
Don Alonso	¿A vos?	
Don Toribio	En toda esta cara.	
Don Alonso	Fuerza será que me admire.	
	¿Qué fue?	
Don Toribio	Que filis no tengo	905
	Y para que se averigüe	
	si los hombres como yo	
	tienen o no tienen filis,	
	por no obligarme a retarla	
	en extranjeros países,	910
	haced que me compren luego	
	cuantos filis sean vendibles,	
	y cuesten lo que costaren.	

Don Alonso	Ésa es locura terrible.	
Don Toribio	¿Tan caros son? Pues no importa.	915
	Dónde se venden, decidme,	
	o yo lo preguntaré;	
	que volver no se permite	
	a su vista, hasta volver	
	todo cargado de filis.	920

(Vase.)

Don Alonso   ¿Hay delirio semejante?
               Sobrino, escuchad, oídme.

(Clara, Eugenia. Don Alonso.)

Clara   ¿Qué es esto? ¿Con quién das voces?

Eugenia   ¿Con quién te enojas y rifles?

Don Alonso   Contigo, ingrata.

Eugenia   ¿Conmigo,   925
               el día que más humilde
               solo trato obedecerte?

Don Alonso   Ven acá: ¿qué le dijiste
               a tu primo, que enojado,
               no hay quien con él se averigüe?   930

Eugenia   ¡Yo a mi primo! En todo hoy
               ni le hablé ni vi.

Don Alonso	¿Qué dices?
Eugenia	Lo que es cierto.
Don Alonso	¡Vive Dios,

                    si disimulada finges,
                    y es verdad que le has hablado 935
                    bachilleramente libre,
                    que te he de hacer!... —Tras él voy,
                    por si puedo reducirle
                    a que no ande preguntando
                    adónde se venden filis. 940

(Vase.)

(Clara, Eugenia.)

Eugenia	Yo a mi primo, ¿qué pudiera,
	que fuese ofensa, decirle?
Clara	No te disculpes conmigo,
	pues sé, aunque no llegué a oírte,
	que perderás tu remedio, 945
	solo por decir un chiste.
Eugenia	Aunque eso de mi remedio
	con falsedad me lo dices,
	lo oigo yo como lisonja,
	viendo que hasta un tonto, un simple, 950
	aun el alma que no tiene,
	a mi vanidad la rinde.
Clara	¿Qué quieres decirme en eso?
	¿Que nadie hay que a mí se incline,

	neciamente imaginando 955
	que a méritos me compites?
	Pues no es sino que no hay nadie
	que sin respeto me mire,
	porque sé yo hacer que todos
	de otra manera me estimen 960
	que a ti, siendo solamente
	lo que a las dos nos distingue,
	el verte a ti no sé cómo,
	pero a mí como a imposible.

Eugenia   ¡Ay!, que no es eso.

Clara   Pues ¿qué?   965

Eugenia   Obligarásme a decirte
             lo que a mi primo.

Clara   ¿Qué es?

Eugenia   Que
             tampoco tú tienes filis.

(Vase.)

Clara   No lo dirás, porque yo
             a responder no me obligue,   970
             que cuando... Pero ¡qué miro!
             ¿Quién hay que esta cuadra pise,
             para estorbar el que lleguen
             mis enojos a sus fines?

(Don Félix. Clara.)

Clara	¿A quién buscáis, caballero?	975
Don Félix (Aparte.)	(¡Ay amistad!, pues que vine
a hacer por ti una fineza,
a una infamia no me inclines;
pues vi hermosura, a quien mal
mi libertad se resiste.)	980
	Viendo a vuestro primo ir fuera,
a quien vuestro padre sigue,
me atreví a llegar a hablaros.	
Clara	¿A mí?	
Don Félix	A vos.	
Clara	Hombre, ¡qué dices!
¿A mí hablarme?	
Don Félix	Sí, señora,
porque sé que en esto os sirve
mi deseo, y no os ofende.	985
Clara (Aparte.)	(¡Plegue a Dios, que no me obligue
una necia a que me huelgue
de que!... Pero no es posible.)	990

(Eugenia, al paño. Clara, Don Félix.)

Eugenia (Aparte.)	¿Con quién hablará mi hermana?
Desde aquí es bien que lo mire.	
Clara (Aparte.)	¿A mí dejadme dudarlo
mil veces. (Mal reprimirme
puedo.) me buscáis?	

Don Félix	A vos.	995
Clara	Pues antes que oséis decirme...	
Eugenia (Aparte.)	(¡Oh, si fuera algo de aquello de posible y de imposible!)	
Clara	Quién sois y qué me queréis, que os vais es bien que os suplique, sin decirlo; que a mí nada hay que a buscarme os obligue.	1000
Don Félix	Sin decíroslo, me iré, si en eso mi pecho os sirve; mas no sin que lo sepáis; que en este papel se escribe, para que con esto llegue a saberse, sin decirse.	1005
Eugenia (Aparte.)	(¡Oh, si tomara el papel, porque hubiera qué decirle!)	1010
Don Félix	Tomad, y adiós.	
Clara	¡Yo papel!	
Don Félix	Y porque a verle os anime, solo os diré que el honor vuestro en leerle consiste, y que don Pedro y don Juan no arriesguen y precipiten, no digo su vida, que ese es peligro muy humilde,	1015

	sino vuestro honor, que fuera	
	pérdida más infelice.	1020
Eugenia (Aparte.)	(Si toma el papel, soy muerta.)	
Clara	Hombre, mira lo que dices.	
	Ni a ti, a don Juan, ni a don Pedro	
	conozco yo.	
Eugenia (Aparte.)	(¡Ay de mí triste!	
	Que todo esto sobre mí	1025
	viene, si el papel recibe.	
	Mas por engaño la habla.)	
Clara (Aparte.)	(¿Que sola una vez que quise	
	yo no ser yo, no he podido?)	
	¿Qué aguardas, pues, para irte?	1030
Don Félix	Aunque tan desentendido	
	vuestro decoro porfíe,	
	y agradecer no pretenda	
	la fineza de que os dije	
	mi empeño y el de los dos;	1035
	ya que lo que debo hice	
	a amigo y a caballero,	
	me iré. Adiós.	
Clara (Aparte.)	No os vais, oídme.	
	(Sin duda que aquí hay engaño,	
	y así, es bien que le averigüe.)	1040
	¿Con quién presumís que habláis,	
	porque la fineza estime?	
Don Félix	¿No sois doña Eugenia?	

Clara	Sí.
Eugenia (Aparte.)	(¿Hay mujer más infelice?)
Clara	Dad ahora el papel, y adiós. 1045
Eugenia (Aparte.) (Sale.)	(Que le deje es bien que evite, barajando el lance.) Hermana...
Clara	¿Qué tienes? ¿De qué te afliges?
Eugenia	Mi padre y mi primo vienen, y porque tú no peligres, 1050 vengo a avisarte; que yo ya tú ves cuánto estoy libre. Mira lo que hemos de hacer.
Don Félix (Sale.)	¿Quién vio empeño tan terrible?
Clara	¿Qué se ha de hacer, sino que entren 1055 y que todo se averigüe, para que no quedes vana tú de que por mí lo hiciste? ¡Padre! ¡Señor! ¡Primo! ¡Otáñez!
Eugenia (Sale.)	Si fuera cierto el venite, 1060 muy buen lance hubiera echado.
Clara	¿No hay nadie que pueda oírme?

(Alonso, y luego Don Toribio, Brígida, Mari-Nuño y Otánez. Dichos.)

Don Alonso (Dentro.)   Voces de Clara.

Eugenia (Sale.)	¡Ay de mí! Que ya es verdad lo que dije por fingimiento.	
Clara	Llegad todos.	1065
Eugenia	No a voces publiques que está aquí este hombre.	
Clara	Sí quiero.	
Don Félix	Aquí es bien que me retire, por asegurar la espalda.	

(Escóndese Don Félix, y salen Don Alonso, Don Toribio, Brígida, Mari-Nuño y Otánez.)

Todos	¿Qué es esto?	
Clara	Que un hombre...	
Eugenia (Sale.)	¡Ay triste!	1070
Clara	Dentro está de nuestra casa: yo desde aquesos jardines le he visto en el corredor del desván: por un tabique saltó. Subid allá todos quedarse no solicite a robarnos esta noche.	1075
Don Alonso	Aquesos serán sus fines.	

Mari-Nuño	En casa de indiano, ¿quién
	duda que eso solicite? 1080
Don Toribio	Nadie primero que yo
	el primer escalón pise;
	que a mí me toca el asalto,
	si fuese el desván Mastrique
	Vea mi prima que tenga 1085
	pujanza, ya que no filis.

(Vase.)

Don Alonso   Contigo voy.

(Vase.)

Clara   Subid vos,
              Otáñez.

Otánez   Ya a los dos siguen
              los filos de la tizona.
              Conmigo van dos mil Cides.   1090

(Vase.)

Clara   Vosotras, desde allá dentro,
              ved que entrar no solicite
              por otra parte a esconderse.

Mari-Nuño   Un Argos seré.

Brígida   Yo un lince.

(Clara, Eugenia; Don Félix, oculto.)

Clara	Todas tus bachillerías	1095
	mira de lo que te sirven,	
	que al primer lance te pasmas,	
	y al primer susto te rindes.	

(Llega adonde se escondió Don Félix.)

	Ya tienes franca la puerta,	
	hombre: ya bien puedes irte.	1100
(Sale Don Félix.)	Déjame el papel, y adiós.	
Don Félix	Él os guarde: y pues difícil	
	no es lo que os advierto, ved	
(Dale el papel.)	lo que importa.	
Eugenia (Sale.)	¡Ay de mí triste!	
	¿Que no pudiese estorbarlo?	1105
Don Félix	(Aparte yéndose.)	
	(Amor, no me precipites,	
	que aunque ingenio y hermosura	
	todo en ella se compite,	
	es dama de mis amigos,	
	y adorarla es imposible.)	1110

(Vase.)

Clara (A voces.)	¡Señor!, ya el hombre a otra casa
	pasado ha; no solicites
	buscarle.

(Don Alonso, Don Toribio. Clara, Eugenia.)

Don Alonso	Forzoso era, pues no fue hallarle posible	
Don Toribio	Nigromántica es su dicha, pues me le ha hecho invisible.	1115
Clara	Digo que pasó a otra casa, que yo le vi sano y libre.	
Don Alonso	Con todo eso, a verla toda vamos.	
Don Toribio (Vase.)	Y ahora, ¿qué dices? ¿Tengo o no filis?	1120
Eugenia	No sé, que ahora no estoy para filis.	

(Vase Don Toribio.)

Clara	Esto, necia, presumida, he hecho, para que mires que tener valor y ingenio, es tenerle y no decirle: Y vete de aquí, que quiero ver lo que el papel me dice.	1125
Eugenia	(Dale el papel.) No sosegaré (¡ay de mí!) hasta ver lo que la escribe.	1130

(Vase.)

Clara	De aquí la envié, porque
si este hombre este engaño finge
para escribirme a mí, ella
no lo entienda, ni imagine.
(Lee.)	No se atreve a vuestro honor, 1135
quien por vuestro honor se atreve
a presumir que os obliga
con lo mismo que os ofende.
Y así, en esta confianza
de pensar que errando acierte, 1140
lo que hay que culparme vaya
por lo que hay que agradecerme.
Don Juan, más enamorado
que fue de vos de vos vuelve,
y don Pedro os sigue, más 1145
fino cuanto más ausente.
Que dejen de declararse,
no es posible, ni que dejen
de remitir al acero
la competencia, de suerte 1150
que a dar escándalo pase;
y pues podéis fácilmente
remediarlo con mandar
a don Pedro que se ausente,
o a don Juan que se retire, 1155
quedando vos dueño siempre
del desdén y del favor,
quitad el inconveniente;
que a mí el aviso me toca,
procediendo desta suerte 1160
con vos, conmigo y con ellos,
caballero, amigo y huésped.

¡Válgame Dios! ¡Qué de cosas
tan varias, tan diferentes,
en un punto me combaten, 1165
y en un instante me vencen!
En lo que dice y no dice,
es muy cierto que me ofende
este papel: es verdad,
que si aqueste papel viene 1170
a Eugenia, que cuando pensaba,
que papel para mí fuese,
solicitando aquel medio
que me ha obligado a leerle,
he sentido que no sea 1175
su intento aquél, sino éste.
¿Cómo puedo yo decirlo,
si no es ya que en mí reviente
no sé qué callada mina,
que amor en el alma enciende? 1180
¿Amor dije? Pues no siento,
sino haber tan neciamente
persuadídome que a mí
me buscase; y es de suerte
la vanidad de una dama, 1185
persuadida a que la quieren,
que aunque la ofenda el amor,
más el engaño la ofende:
y más cuando está a la mira
una necia, una imprudente, 1190
una loca...

(Eugenia. Clara.)

Eugenia   (Aparte, quedándose al paño.)
                Ésta soy yo.

Clara	De tan varias altiveces,
	que presume que ella sola
	todo cuanto mira vence.
	¡Oh envidia, oh envidia! ¡Cuánto 1195
	daño has hecho a las mujeres!
	Pues por vengarme de Eugenia,
	diera...

(Sale Eugenia.)

Eugenia	¿En qué Eugenia te ofende,
	para pensar a tus solas
	el cómo della te vengues? 1200
Clara	Ese papel te lo diga,
	que acaso a mis manos viene
	por las tuyas.
Eugenia	Ya lo sé.
Clara	Pues si lo sabes, y tienes
	tan a riesgo tu opinión, 1205
	que estriba solo en que lleguen
	a declararse dos hombres;
	mira si es justo que piense
	cómo he de vengar, ingrata,
	falsa, atrevida y aleve, 1210
	la ocasión en que...
Eugenia	Oye, aguarda,
	que para que consideres
	tanta amenazada ruina,
	cuán fácil remedio tiene,

	me huelgo de haber venido	1215
(Llega a una ventana.)	a esta ocasión.	

Clara   ¿Pues qué emprendes?

Eugenia (Llamando.)   ¡Señor don Pedro!

Clara   ¿Qué haces?

Eugenia Hablar un instante breve
a un caballero, que está
en la calle.

Clara   ¿A eso te atreves?   1220

Eugenia Sí, que en su cuarto mi padre
está ya con su accidente
de la gota, que hoy le ha dado,
y don Toribio no puede
ver desde el suyo esta reja;   1225
y así he de satisfacerte.
¡Señor don Pedro!

(Don Pedro, a la reja. Dichas.)

Don Pedro Bien fue
menester oír dos veces
mi nombre, para que alguna
creyera que dél se acuerde   1230
vuestra memoria; que un triste
no cree su bien fácilmente.

Eugenia No prosigáis, que esta reja
es de otras tan diferente,

	cuanto hay de no serlo a ser	1235
	ahora de las paredes	
	de mi padre; y si allí pudo	
	la seguridad hacerme	
	usar de algunas licencias;	
	mi honor prisionera tiene	1240
	su libertad ya, y tan otra	
	habéis de ver que procede,	
	cuanto hay de que otros me guarden	
	a guardarme yo. Así, hacedme	
	merced de volveros luego	1245
	donde otra vez no os encuentre	
	ni en mi calle ni en mi reja,	
	suplicandoos que prudente	
	deis de mano a una esperanza	
	que no hay sobre qué se asiente.	1250
Don Pedro	Oíd.	
Eugenia	Perdonad, que no puedo.	
Don Pedro	Cuando por veros...	
Eugenia	Haréisme ser, sobre ingrata, grosera.	
Don Pedro	¿Vos?	
Eugenia	Sí.	
Don Pedro	¿Cómo?	
Eugenia	Desta suerte.	

Clara	Y al otro ¿qué has de decirle?	1255
Eugenia	Haz cuenta que si le viere,	
	le diré lo mismo al otro,	
	Clara; porque las mujeres	
	como yo, puestas en salvo,	
	si se esparcen y divierten,	1260
	es para aquesto no más;	
	que amor bachiller no tiene	
	más fondo que solo el ruido.	
	Aquel emblema lo acuerde	
	del perdido caminante,	1265
	a quien de noche acontece	
	que avisado del estruendo	
	con que del monte desciende	
	pequeño arroyo, le asusta,	
	le perturba y estremece;	1270
	y huyendo dél, da en el río:	
	porque a todos les parece	
	que es manso cristal aquel	
	que aun las guijas no le sienten	
	y en su agua perecen. Pues	1275
	que no tiene riesgo advierte	
	la ruidosa, porque el riesgo	
	el agua mansa le tiene:	
	y así fue del agua mansa	
	lo mejor guardarse siempre	1280

(Vase.)

Clara ¡Qué escucho, cielos!, ¡qué escucho!
«Que no tiene riesgo, advierte
la ruidosa, porque el riesgo
el agua mansa le tiene:

y así fue del agua mansa 1285
lo mejor guardarse siempre.»
Sin duda (¡ay de mí!) que oyó
cuanto dije, o lo parece,
según el concepto habla
de lo que mi pecho siente. 1290
Pues ya que el acaso hizo
en las respuestas que ofrece,
lo que el cuidado debiera;
ya que por ella me tiene
el caballero que trajo 1295
el papel, lograr intente
la ocasión, que con su nombre
amor a mi amor ofrece;
porque con más verdad pueda
decir que riesgo no tiene 1300
la ruidosa, porque el riesgo
el agua mansa le tiene:
y así fue del agua mansa
lo mejor guardarse siempre.

Fin de la segunda jornada

Jornada tercera

(Clara, Mari-Nuño.)

Clara	Esto pasa, y solo a ti
	lo dijera.
Mari-Nuño	Ya tú tienes
	experiencia de lo mucho
	que fiar de mi amor puedes.
	Pero deja que me admire 5
	de oír que a tal extremo lleguen
	los despejos de tu hermana.
Clara	Dos caballeros pretenden
	su favor, y a mí me toca
	que el escándalo remedie, 10
	ya que llegó a mi noticia;
	y así es fuerza hablar a éste
	que me dio el aviso. Y para
	hacer que el daño se enmiende,
	tú has de darle un papel mío 15
	en su nombre, porque llegue,
	ignorando que soy yo,
	a hablarme más claramente
	esta noche, y... Pero luego
	proseguiré; que parece 20
	que anda gente ahí fuera: mira
	quién es.
(Vase Mari-Nuño.)	Bien de aquesta suerte
	con la verdad se ha engañado
	Mari-Nuño, que ha de hacerme
	lugar para conseguir 25
	hablarle de noche y verle,

                        ya que mi pena...

(Don Toribio, que quiere entrar y Mari-Nuño lo impide. Clara.)

Mari-Nuño   Esperad,
            que no es bien que nadie entre,
            sin avisar, a este cuarto.

Don Toribio   Dos veces para mí eres   30
            dueña hoy.

Mari-Nuño   ¿De qué manera
            se entiende eso de dos veces?

Don Toribio   Una en la que estorbas, y otra
            en lo que un cuarto defiendes.

Mari-Nuño   ¿Será justo, si no están   35
            decentes, que a verlas lleguen?

Don Toribio   ¿Pues cómo pueden no estar
            siempre mis primas decentes?

Clara   ¿Qué es eso?

Don Toribio   Que esa estantigua
            a mí el paso me defiende.   40

Clara   Hace muy bien, porque aquí,
            sin mi padre, nadie puede
            entrar.

Don Toribio   Sí puede, y ya sé
            de qué ese ceño procede,

	y así no quiero enojarme,	45
	porque sé también que tienen	
	licencia las desvalidas	
	de llorar amargamente.	
Clara	Yo confieso que lo estoy;	
	y pues la dichosa en este	50
	cuarto no está, no tenéis	
	qué hacer en él: brevemente	
	dél os id, o yo me iré,	
	porque de mí no se piense	
	que me vengo en estorbaros,	55
	cuando hay más en que me vengue.	
Don Toribio	Eso es poco y mal hablado.	
Clara (Dale el papel.)	Ven, Mari-Nuño. (Que tienes	
	que hacer por mí esta fineza.)	
Mari-Nuño	Tuya soy y seré siempre.	60
(Llaman.)	Pero aguárdate, veré	
	quién llama.	

(Vanse Clara y Mari-Nuño.)

Don Toribio	¡Cielos, valedme!	
	que este remoquete, sobre	
	aquella sospecha fuerte,	
	que áspid del pecho, a bocados	65
	todo el corazón me muerde,	
	es, ahora que caigo en ello,	
	un bellaco remoquete.	
	Cuando buscamos la casa,	
	vi... Lengua mía, detente:	70

                        no lo digas, sin que antes
                        te haya dicho yo que mientes.
                        Vi que detrás de la cama
                        de Eugenia, ¡oh malicia aleve!...
                        Estaba detrás...

(Mari-Nuño, saliendo apresurada. Don Toribio.)

Mari-Nuño   Señora,   75
                        albricias, que este billete
                        con coche y balcón...

Don Toribio   Mujer,
                        en lo que dices advierte;
                        que balcón, billete y coche,
                        sobre dueña, me parece   80
                        es traer todo el yerro armado.

Mari-Nuño (Aparte.)   (Mal encuentro fuera éste,
                        si importara.) Mi señora...

Don Toribio (Aparte.)   (Memoria, no me atormentes.)

Mari-Nuño   ¿Aquí no estaba?

Don Toribio   Aquí estaba   85
                        un poco antes que se fuese.

Mari-Nuño   A buscar a entrambas voy
                        con este papel.

Don Toribio   Detente,
                        que antes he de verle yo
                        que ellas.

Mari-Nuño	¿Qué llama verle? Que aunque no importara nada, no le he de dar, por no hacerle tan dueño de casa ya.	90
Don Toribio	¿Qué va...	
Mari-Nuño	¿Qué?	
Don Toribio	¿Que de un puñete te abollo sesos y toca?	95
Mari-Nuño	¿Qué va que no es mayor que éste?	

(Dale una puñada.)

Don Toribio	Los dientes debieron de irse, pues he perdido los dientes.	
Mari-Nuño (A voces.)	¡Ay, que me matan! ¡Señores, acudan a socorrerme!	100
Don Toribio	Solo me faltaba ahora ser ella la que se queje.	
Mari-Nuño	¡Que me matan!	

(Eugenia, Clara, Don Alonso, Brígida. Don Toribio, Mari-Nuño.)

Don Alonso	¿Qué es aquesto?
Clara	¿Qué ha sucedido? ¿Qué tienes?

Mari-Nuño	Don Toribio, mi señor,	105
	colérico e impaciente,	
	porque no le quise dar	
	aqueste papel, que viene	
	para las dos, puso en mí	
	las manos.	
Las dos	¡Jesús mil veces!	110
Don Alonso	Por cierto, señor sobrino,	
	vuestro enojo, sea el que fuere,	
	es muy sobrado. ¡A criada	
	de mis hijas desta suerte	
	se ha de tratar!	
Don Toribio	Vive Dios,	115
	que soy yo...	
Don Alonso	No habléis.	
Don Toribio	Quien tiene	
	de qué quejarse...	
Don Alonso	Ya basta.	
	Dadme vos, dadme el billete;	
	que quiero ver la ocasión	
	que tuvo para ofenderse.	120
Eugenia (Aparte.)	(¡Ay de mí, si fuese acaso	
	de alguno de los ausentes!)	
Clara	(Aparte a Eugenia.)	
	(Quiera el cielo que no sea	
	que algo de tus cosas cuente.)	

Don Alonso (Lee.)	Sobrinas mías, yo tengo balcón en que esta tarde veáis la entrada de la reina nuestra señora: el coche va por vosotras; que no dude que mi primo...
	Ahora de nuevo vuelvo 125 a enojarme y ofenderme de que escrúpulo haya habido en vuestro juicio. En aqueste, doña Violante, mi prima, hijas, os dice que quiere 130 que con ella vais adonde veáis la entrada excelente de la reina, cuya vida el cielo por siglos cuente. Tomad, leedle vos; veréis 135 cuán necio, cuán imprudente habéis pensado otra cosa; que no quiero que se ausenten, hasta que vos le leáis.
Don Toribio (Toma el papel.)	Mostrad. Dice desta suerte: 140
(Lee.)	Sobrinas mías, yo tengo balcón... Tío, finalmente, ¿hasta que yo lea, no han de ir?
Don Alonso	No.
Don Toribio	Pues muy bien me parece; que no irán de aquí a dos años. 145
Don Alonso	¿Por qué?

Don Toribio	Porque no sé leerle,
	y ésos habré menester
	para aprenderlo.

Don Alonso	¿Que llegue
	a tanto vuestra ignorancia?

Don Toribio	¿Pues qué defecto es aqueste?	150
	Como desos leer no saben,	
	y lo saben todo. Esténse,	
	hasta que lo aprenda, en casa,	
	y entonces irán.	

Don Alonso	Mal pueden,
	si hoy es la entrada.

Don Toribio	¿Habrá más	155
	de que la entrada se quede,	
	hasta que yo sepa leer?	

Don Alonso	Hijas, aquesto sucede	
	una vez en una edad:	
	verlo es justo. Brevemente	160
	os poned los mantos, y id.	
(Vase Brígida.)	O pésele o no le pese	
	a don Toribio; que yo,	
	a causa de mi accidente,	
	no saldré de casa, y basta	165
	que vuestra voz me lo cuente,	
	cuando volváis.	

Clara	A tu gusto
	humilde estoy y obediente.

Eugenia	Si me das licencia a mí, contigo es bien que me quede.	170
Don Alonso	No, hija, ambas habéis de ir.	

(Vuelve Brígida.)

Brígida	Aquí ya los mantos tienen.
Clara (Aparte a ella.)	Ponme, Mari-Nuño, el mío. (Toma, y lo que digo advierte.)

(Dala un papel, y habla bajo con ella.)

Eugenia (Aparte.)	(Sola esta vez salgo triste, porque alguno no me encuentre destos dos necios amantes.)	175
Clara (Aparte.)	(Sola esta vez salgo alegre, por si en las fiestas, por dicha, a este caballero viese.)	180
Mari-Nuño	(Aparte a Clara.) (Ve segura, y fía de mí.)	
Don Toribio (Aparte.)	(Aunque desairado quede, me huelgo, que quedo en casa, entre la reina o no entre, por si puedo averiguar a mis solas esta fuerte sospecha, que en vivos celos amor en el alma enciende.)	185

(Vanse.)

(Sala en casa de Don Félix.)

(Don Félix, Hernando.)

Hernando	¿Sin ver la fiesta te vienes, señor, hasta casa?	
Don Félix	Sí, que no hay fiesta para mí donde no hay gusto.	190
Hernando	¿Qué tienes, que estás tan triste, señor?	
Don Félix	¿Qué más tu lengua quisiera de que yo te lo dijera?	195
Hernando	Ya me has dicho que es amor, con solo eso.	
Don Félix	¿Por qué?	
Hernando	Porque obligarte a callar, solo puede ser estar enamorado.	
Don Félix	No sé cómo te diga que sí, y que una rara belleza es causa de mi tristeza: tan imposible, que vi en el primero deseo	200

205 |

	el primero inconveniente.	
Hernando	¿Cómo?	
Don Félix	A quien don Juan ausente	
	ama, y a don Pedro veo	
	venir siguiendo, es la dama	
	que mi libertad robó;	210
	y aunque siempre he de estar yo	
	de la parte de mi fama,	
	aún no estriba mi cuidado	
	en esta especie de celos,	
	sino que de sus desvelos	215
	uno y otro me han fiado	
	el secreto; de manera,	
	que obligado a embarazar	
	su empeño estoy, y a callar.	

(Mari-Nuño, en la calle. Don Félix, Hernando.)

Mari-Nuño	(Llamando por una reja.)	
	Señor don Félix.	
Don Félix	Espera.	220
	¿A quién han llamado?	
Mari-Nuño	A vos.	
Don Félix	¿Pues qué es lo que me mandáis?	
Mari-Nuño	Doña Eugenia, que leáis	
	aqueste papel, y adiós.	

(Arrójale un papel, y vase.)

Don Félix (Lee.) Agradecida al aviso que me disteis, he empezado ya a obedeceros; y para ejecutarlo mejor, me importa hablaros. Venid esta noche, que yo os estaré aguardando. El cielo os guarde.

¿Quién vio confusión más fiera, 225
puesto que ni ir ni dejar
de ir puedo ya excusar?

(Don Juan. Don Félix, Hernando.)

Don Juan (Aparte al salir.)
(¡Cielos!, ¿qué haré?)

Hernando (Aparte a su amo.)
(Considera
que viene don Juan aquí.)

Don Félix ¿Si vio arrojar el papel? 230

Hernando No.

Don Juan (Aparte.) (¡Qué sospecha tan cruel!)

Don Félix Don Juan, pues ¿qué hacéis aquí?
¿No sois de fiestas?

Don Juan No sé
lo que os diga...

Don Félix (Aparte.) (¡Muerto quedo!)

Don Juan Que ni hablar ni callar puedo. 235

Don Félix	¿Callar ni hablar?	
Don Juan	Sí.	
Don Félix	¿Por qué?	
Don Juan	Porque os ofendo en hablar,	
	y en callar me ofendo a mí:	
	con que es preciso que aquí	
	no pueda hablar ni callar.	240
Don Félix	No os entiendo.	
Don Juan	Yo tampoco;	
	mas si entenderme queréis,	
	como licencia me deis	
	(propia dádiva de un loco),	
	diré el dolor que me aqueja.	245
Don Félix (Aparte.)	Sí doy. (¡Empeño cruel!)	
Don Juan	Pues enseñadme un papel	
	que os dieron por esta reja.	
Don Félix	Solo eso en el mundo hubiera,	
	siendo quien somos los dos,	250
	que yo no hiciera por vos;	
	y no haciéndolo, quisiera	
	que el crédito de mi fe	
	os debiese creer de mí	
	que soy vuestro amigo.	
Don Juan	Así	255

       lo creo; mas ¿no podré
       (viendo que habéis excusado,
       con pretexto de otro honor,
       ser tercero de mi amor,
       y que habiéndome llamado   260
       Eugenia en el coche ahora,
       muy enojada me diga
       que ni la vea ni siga
       más), no podré (¿quién lo ignora?)
       entrar en temor de que   265
       vuestra excusa y su crueldad
       nacen de otra novedad?
       Y más viendo que llegué
       a tiempo que daros vi
       por esa reja un papel,   270
       y que los secretos dél
       tanto recatáis de mí,
       que turbado lo escondáis,
       habiendo yo el nombre oído
       de Eugenia, y que ella ha sido 275
       la que os dice que leáis.

Don Félix (Aparte.) (¡Válgame el cielo! ¿Qué haré?)
       Que el papel me llama a mí,
       y si me disculpo aquí,
       a don Pedro culparé.   280

Don Juan   ¿Qué me respondéis?

Don Félix   Ya os tengo
       respondido con saber
       que soy, don Juan, y he de ser
       amigo, y callar prevengo.

Don Juan	Confieso que sois mi amigo,	285
	y que vuestro huésped soy;	
	pero el empeño en que estoy,	
	vos le sabéis: y así, os digo	
	solo que me aconsejéis	
	en este lance, por Dios.	290
	¿Qué hicierais conmigo vos?	
Don Félix	Aunque contra mí tenéis	
	alguna razón, si yo	
	en el empeño me viera,	
	que erais mi amigo creyera,	295
	y no os apurara.	
Don Juan	No	
	es tan fácil de tomar	
	como de dar un consejo,	
	y así de admitirle dejo,	
	volviéndoos a suplicar	300
	que me enseñéis el papel.	
Don Félix	Si otra causa no tuviera	
	que la vuestra, yo lo hiciera.	
Don Juan	Pues ¿hay otra causa en él	
	más que ser suyo y venir	305
	a vuestra mano?	
Don Félix	Sí hay,	
	pues la causa que le tray	
	es la que no he de decir.	
Don Juan	¿No fiáis de mí un secreto?	

Don Félix	Sí, mas no aqueste.

Don Juan	Mirad	310
que puede nuestra amistad
dilatar en mí el efeto
de verle, mas no excusalle.

Don Félix	Pues mirad cómo ha de ser,
porque no le habéis de ver.	315

Don Juan	Saliéndonos a la calle.

Don Félix	Guiad donde quisiereis vos,
que a guardarle estoy dispuesto.

(Vanse.)

(Calle.)

(Don Pedro, que se encuentra con Don Félix, Don Juan y Hernando, al salir de la casa.)

Don Pedro	¡Don Juan, don Félix!, ¿qué es esto?
¿Dónde vais así los dos?	320

Don Félix	Paseándonos vamos.

Don Pedro	No
es la deshecha bastante
a desmentir el semblante;
y habiendo llegado yo
a tiempo que ya empuñadas	325
de ambos las espadas vi,
no habéis de pasar de aquí.

Don Juan	Prevenciones excusadas son las vuestras, vive el cielo.
Hernando	No son, que mi amo y don Juan 330 a reñir, don Pedro, van.
Don Félix	Calla, pícaro.

(Vase Hernando.)

Don Pedro	¿Qué duelo hay, que entre amigos lo sea que no se pueda ajustar, Félix, antes de llegar 335 al último trance? Vea yo que hacéis esto por mí, y sepa la causa.
Don Félix	Yo no he de decirla, que no me está a mí bien.
Don Juan	A mí sí, 340 que no quiero que se diga que sobre la obligación de huésped, es sinrazón la que a este trance me obliga. Y pues que sois caballero, 345 que nos dejaréis reñir, la ocasión he de decir...
Don Félix	No diréis, porque primero yo...

Don Pedro	Tened.
Don Félix (Aparte.)	(¡Oh quién pudiera
	su discurso suspender!) 350
Don Juan	Que quiero con vos hacer
	lo que con otro no hiciera
	yo, don Pedro, he fiado
	de don Félix que estoy enamorado
	de una dama; y habiéndome valido 355
	dél, no solo ayudarme ha pretendido,
	pero contra su honor, contra su fama,
	sé que festeja aquesta misma dama.
	Ved si es justa mi queja,
	pues dándole un papel por esta reja... 360
Don Pedro (Aparte.)	(¡Qué es lo que escucho, cielos!)
Don Juan	Oí (que oyen mucho contra sí los celos)
	que dijo la tercera
	que el dueño suyo doña Eugenia era.
	Su nombre dije, poco habrá importado 365
	el haberla nombrado,
	siendo quien sois.
Don Félix (Aparte.)	(Con nuevas penas lucho.)
Don Pedro	Esperad, que no importa, sino mucho,
	porque aquese desvelo 370
	me toca a mí con ambos, ¡vive el cielo!
	Con vos, pues habéis sido
	de Eugenia amante, que es la que he seguido;
	y con él, pues de vos a oír he llegado

	que está don Félix de ella enamorado:	375
	de suerte que en los dos vengar prevengo	
	la razón que tenéis y la que tengo.	
Don Juan	Si vos os declaráis de Eugenia bella	
	amante, cuando yo muero por ella,	
	ya con vos es mayor empeño el mío,	380
	pues ya son dos de quien mis penas fío,	
	y dos los que me ofenden.	
Don Félix	Dos son también los que agraviar pretenden	
	mi amistad, presumiendo	
	que, siendo yo quien soy, a ambos ofendo,	385
	cuando en mi valor hallo	
	que al uno por el otro su amor callo,	
	y excusar el empeño solicito,	
	pasando la fineza a ser delito.	
Don Juan	¿Fineza es, cuando impío...	
Don Pedro	Cuando ingrato...	390
Don Juan	Con falsa fe...	
Don Pedro	Con fementido trato...	
Los dos	ofendéis mi amistad?	
Don Félix	Oídme primero,	
	pues a los dos satisfacer espero.	
Don Juan	Pláticas acortemos,	
	y puesto que tenemos	395
	nuestro duelo empezado,	

venid conmigo.

Don Pedro   Habiendo yo llegado
a tiempo que he sabido
que los dos me ofendéis, ¿cómo he podido
dejar de ir con los dos?

Don Félix   Y ¿cómo puedo   400
yo dejar que los dos con tal denuedo
presumáis que traidor puedo haber sido?

Los tres   De ambos está ofendido
mi valor.

Don Félix   Por mi honor volver espero.

Don Juan   Calle la lengua pues, y hable el acero.   405

(Riñen los tres.)

(Don Alonso, Don Toribio. Don Félix, Don Juan, Don Pedro.)

Don Toribio (Dentro.)   ¡Pendencia hay a la puerta de mi casa!

(Salen Don Alonso y Don Toribio con espadas desnudas.)

Don Alonso   ¿Cómo entre tres amigos eso pasa?

Don Juan   Guárdeos Dios, que ya el duelo está acabado.

(Vase.)

Don Alonso   Esperad, porque habiendo yo llegado,
ofendéis mi valor...

Don Pedro	Nada esto ha sido.	410
(Aparte.)	(Seguir quiero a don Juan, pues ya se ha ido.)	

(Vase.)

Don Toribio Tenedlos, tío; que para ajustarlo,
sobre mi ejecutoria han de jurarlo.
Aguardar; que ya vengo,
mientras voy a sacarla; que la tengo   415
metida en las alforjas, como vino,
porque no se me ajase en el camino.

Don Alonso Merezca yo saber qué furia airada
os ha obligado aquí a sacar la espada.

Don Félix Nació esta competencia   420
sobre una diferencia
que en el juego los tres hemos tenido;
y habiendo vos venido
a tan buena ocasión, no fuera justo
que entre amigos durara este disgusto.   425
Perdonadme, señor, y dad permiso
que los siga.

Don Alonso   Será muy cuerdo aviso.
Id, don Félix, con Dios, que sabe el cielo
que siento no cumplir hoy con el duelo,
habiéndome aquí hallado.   430

(Vase Don Félix.)

(Aparte.) (Pero es tal mi cuidado,
que no entre don Toribio en mi sospecha,

            que más con él me importa la deshecha.)

(Vanse.)

(Cuarto de Eugenia en casa de Don Alonso.)

(Don Toribio, muy preocupado, trayendo a Don Alonso de la mano.)

Don Alonso ¿De qué tan pensativo
habéis quedado?

Don Toribio   Imaginando vivo,   435
si nuestra solariega sangre acierta
en que riñendo, tío, a nuestra puerta,
se vayan atufados,
sin ir los dos muy bien descalabrados,
y aun los tres.

Don Alonso   ¡Qué notable desvarío!   440
Pues ¿qué nos toca su disgusto?

Don Toribio   ¡Ay, tío!
¡Si hablara yo!...

Don Alonso   ¿De qué es el sentimiento?

Don Toribio De mucho.

Don Alonso   Pues hablad.

Don Toribio   Estadme atento.
Cuando yo iba a buscar filis
y fuisteis vos a traerme,   445
desengañado de que

	burla de mi prima fuese,	
	siendo hablilla que las damas	
	decir por donaire suelen;	
	al volver a casa, oímos	450
	voces, diciendo impaciente	
	Clara que un hombre había en ella.	
Don Alonso	Es verdad, y yendo a verle,	
	no le hallamos, aunque toda	
	la anduvimos.	
Don Toribio	Pues de aquese	455
	examen que en ella hicimos,	
	todo mi dolor procede,	
	todas mis penas se causan,	
	y todos mis celos penden.	
Don Alonso	¿Por qué?	
Don Toribio	Fáltame el aliento,	460
	la voz duda, el labio teme...	
	porque como no dejamos	
	nada por ver diligentes,	
	detrás de la cama (¡ay triste!)	
	de Eugenia...	
Don Alonso (Aparte.)	(¡Cielos, valedme!)	465
Don Toribio	Vi...	
Don Alonso	¿Qué? ¿Al hombre?	
Don Toribio	¡Mas nonada!	
	¿Verle y no darle la muerte?	

	¿No bastó ver...	
Don Alonso	Proseguid.	
Don Toribio	¿Una clara seña, un fuerte	
	indicio de que a deshora	470
	en el cuarto salga y entre?	
Don Alonso	Ved, sobrino, qué decía:	
	no algún engaño os empeñe	
	a decir...	
Don Toribio	¿Cómo que engaño,	
	si lo vi más claramente	475
	que cinco y cinco son diez,	
	y diez y diez serán veinte?	
Don Alonso	Pues ¿qué visteis?	
Don Toribio	Una escala	
	que Eugenia escondida tiene.	
Don Alonso	¿Escala escondida?	
Don Toribio	Sí,	480
	y de hartos pasos, con fuertes	
	cuerdas y hierros atada.	
Don Alonso	¡Vive Dios, si verdad fuese	
	que había!...	
Don Toribio	¿Cómo verdad,	
	si solo porque la vieseis,	485
	os traigo aquí, cuando solo	

	está el cuarto? Un punto breve esperaos: veréis cuán presto aquí la miráis patente.	

(Vase.)

| Don Alonso | ¡Ay de mí! No en vano, cielos, previne ausentar prudente de la corte a Eugenia. Pero si ya don Toribio tiene tan vivas sospechas, ¿cómo es posible que la lleve? Pues ya... | 490

495 |

(Vuelve Don Toribio con un guardainfante.)

| Don Toribio | Mirad si es verdad... Con más de dos mil pendientes de gradas, aros y cuerdas. | |

| Don Alonso | ¡Necio, loco, impertinente! ¿Ésa es escala? | |

| Don Toribio | Y escala que si se desdobla, debe poderse escalar con ella, según las revueltas tiene, la torre de Babilonia. Esto es para quien lo entiende. No la sé armar. | 500

505 |

| Don Alonso | ¡Vive Dios, que no sé cómo consiente mi cólera no deciros | |

	mil pesares! Porque ése	
	es guardainfante, no escala.	510
Don Toribio	¿Guarda... qué?	
Don Alonso	¡Qué impertinente!	
	Guardainfante.	
Don Toribio	Peor es eso	
	que esotro. ¿Qué infante tiene	
	mi prima, que éste le guarde?	
Don Alonso	Hablar con vos es hacerme	515
	perder el juicio. No entienda	
	aquesto nadie: volvedle	
	donde estaba, y estimadme,	
	bárbaro, y agradecedme	
	que no os digo mil locuras.	520
(Vase.)		
Don Toribio	Escalado seas mil veces,	
	guardainfante de mi prima,	
	quien quiera que fuiste y fueses:	
	¡Bueno me han puesto por ti	
	de bárbaro impertinente!...	525
	Y hasta saber el oficio	
	que en casa de mis primas tienes,	
	no he de parar.	
(Voces dentro.)	Para, para.	
Don Alonso (Dentro.)	Pues que ya mis hijas vienen,	
	poned luces en su cuarto.	530

(Mari-Nuño. Don Toribio.)

Mari-Nuño ¡Ay de mí!, que en él hay gente.
¿Quién es?

Don Toribio Yo soy, que no es nadie.

Mari-Nuño ¿Qué haces aquí desta suerte,
con aquese guardainfante?

Don Toribio Aquí, si saberlo quieres, 535
me estaba pensando cosas...

Mari-Nuño Sitio habrá donde las pienses.
Suelta, y mira no te hallen
aquí dentro cuando lleguen,
que ya vienen.

Don Toribio Mira tú 540
no me obligues a que vengue
el pasado mojicón.

Mari-Nuño Mejor será, si lo adviertes,
no quieras que te dé otro.

Don Toribio ¿Qué va que no es mayor que éste? 545
(Dala una puñada.) ¡Ay, que me han muerto! ¡Señores,
acudid a socorrerme!
¡Ay, que me matan!

(Eugenia, Clara, Don Alonso, Brígida. Don Toribio, Mari-Nuño.)

Don Alonso ¿Qué es esto?

Clara	¡Qué voces!	
Eugenia	¿Qué ruido es éste?	
Don Toribio	Mari-Nuño, mi señora,	550
	estando en este retrete,	
	porque la dije no más	
	que buenas noches tuviese,	
	puso las manos en mí.	
Mari-Nuño	Mas me dijo...	
(Aparte a Don Alonso,		
oyéndolo don Toribio.)	Pues pretende	555
	que le favorezca yo,	
	porque dice que no quiere	
	señora de guardainfante,	
	y trae por testigo éste,	
	de quien está haciendo burla.	560
Don Toribio	¡Qué testimonio tan fuerte!	
Mari-Nuño (Aparte.)	(A un traidor, dos alevosos.)	
Don Alonso (Aparte a Mari-Nuño.)		
	Advertid vos que no lleguen	
	a entender nada las dos,	
(Aparte a Don Toribio.)	(que de vuestras sencilleces,	565
	o ignorancias o locuras,	
	estoy cansado de suerte...)	
	Pero hablemos de otra cosa,	
	no sean delirios siempre.	
(A las damas.)	¿Cómo en la fiesta os ha ido?	570
Eugenia	Como a quien viene, señor,	

	de ver el triunfo mayor	
	que nuestra España ha tenido	
	desde que su monarquía	
	a ser la mayor llegó.	575
Don Alonso	Ya que no lo he visto yo,	
	de algún consuelo sería	
	oírlo de las dos aquí.	
Eugenia	Yo, señor, te contaré	
(Aparte.)	lo que me acuerdo. (Veré	580
	si desvelar puedo así	
	la pena en que me ha tenido	
	la competencia cruel	
	que vio Clara en su papel.)	
Clara	(Aparte a Mari-Nuño.)	
	¿Viste a Félix?	
Mari-Nuño	Y advertido,	585
	no dudo que venga.	
Clara	Pues	
	vele a abrir.	
Mari-Nuño	¿Cómo, si aquí	
	todos están?	
Clara	Mira, así.	
(A su padre.)	(Como atento nos estés,	
	lo que ella olvide, señor,	590
	yo acordárselo pretendo.)	
(Aparte a Mari-Nuño.)	¿Entiéndesme?	

Mari-Nuño   Ya te entiendo.

Eugenia   Oirás la fiesta mayor,
que habrás oído en tu vida.

Clara   Y vos oíd también.

Don Toribio   ¿Pues no?   595

Clara   (Aparte a Mari-Nuño.)
(Ve por él, mientras que yo
les doy con la entretenida.)

(Vase Mari-Nuño.)

(Don Alonso, Clara, Eugenia, Don Toribio, Brígida.)

Eugenia   Llegó el día que trocando
la divina Mariana
en felices posesiones   600
perezosas esperanzas,
de Madrid amanecieron,
para su dichosa entrada,
en felices aparatos
cubiertas calles y plazas.   605
Todas las vimos, porque
transcendiendo por las vallas
fingidas de jaspe y bronce,
llegamos adonde estaba
en el Prado un arco excelso   610
que a las nubes se levanta.

Clara   Aquí en el nacional traje
Madrid de su antigua usanza,

	esperó a su nueva reina,	
	vestida de blanco y nácar;	615
	y para significar	
	de sus afectos las ansias	
	con que liberal quisiera	
	poner el mundo a sus plantas,	
	ya que no la puso el mundo,	620
	puso, por lo menos, tantas	
	significaciones dél,	
	que en este arco y los que faltan	
	representó de sus cuatro	
	partes las coronas varias	625
	que en él amante la ofrece	
	quien la mereció monarca;	
	y así esta parte fue Europa,	
	como principal estancia,	
	donde sus imperios tienen	630
	las demás por tributarias.	
Eugenia	Querer pintar que en él vimos	
	en casi vivas estatuas	
	a Castilla y a León,	
	por los reinos; Alemania	635
	por la cuna, y por la fe	
	de la religión a Italia,	
	sin otras muchas señales,	
	imposible es ya, pues basta	
	que en este arco y los demás	640
	apelemos a la estampa,	
	cuando lo expliquen sus letras	
	latinas y castellanas.	
Clara	Solo por mayor diremos	
	que a las cuatro dilatadas	645

partes del mundo, en quien tuvo
dominio el planeta de Austria,
correspondieron los cuatro
elementos, siendo en claras
significaciones, doctos 650
reversos de sus fachadas:
y así a Europa se dio el aire,
por ser en quien más templadas
sus influencias se gozan
dulces suaves y blandas. 655

Eugenia Y como del aire es
el águila remontada
emperatriz, cuyo nido
favorable aspira el aura,
el águila coronó 660
este elemento, adornada
de jeroglíficos que
todos del aire se sacan.

Clara A esta puerta pues, la Villa
(la ceremonia acabada 665
del besamano), empezó
(haciendo al compás la salva,
no solo de los clarines,
las trompetas y las cajas,
sino de la voz del pueblo, 670
que es la más sonora salva)
a caminar con el palio,
con tanto aplauso, con tanta
majestad, que no se vio
en términos de vasalla, 675
nadie con más causa humilde,
ni soberbia con más causa.

Eugenia	De aquí pues a la carrera
de San Jerónimo pasa,
donde no menos vistoso
la recibió el triunfo de Austria	680
Clara	De sesenta y dos coronas
que en la India rinden a España
feudo, los bultos de algunas
significaron las ansias
de servir su buena reina
con dones y empresas cuantas
mide este imperio al Oriente,
donde su poder alcanza.	685
Eugenia	Y como Asia es la mayor
parte del mundo, que abraza
Ganges, Nilo, Éufrates, Tigris,
señora de tierras tantas,
fue su elemento la tierra,
en quien se vio coronada
la melena del león,
como su mayor monarca. | 690

695 |
| Clara | Llegó, pues, el Sol, del Sol
a la Puerta, en cuya estancia
África en el triunfal arco,
a vista suya se planta.
Y así, todas sus pinturas
fueron las fuerzas y plazas
que España en África goza,
desde que dos reinas santas,
política una en Madrid,
victoriosa otra en Granada, | 700

705 |

	arrancaron las raíces	
	desta venenosa planta.	
	A África correspondiendo	710
	el fuego, o por su abrasada	
	Libia, o porque ha de ser hoy	
	la Puerta del Sol su estancia,	
	el Sol, planeta de fuego,	
	entre pirámides altas	715
	se vio colocado, bien	
	como exaltado en su casa.	
Eugenia	Siguióse la Platería,	
	de tal manera adornada,	
	que solo un arte tan noble	720
	así pudiera ilustrarla;	
	pues casi desde este arco	
	se corrieron dos barandas	
	de bichas y de columnas,	
	que empezándose desde altas	725
	pirámides, prosiguieron,	
	hasta que en otras rematan,	
	poblando sus corredores,	
	por una y por otra banda,	
	aparadores cubiertos	730
	de diamantes, oro y plata.	
Clara	La América en otro arco	
	a Santa María estaba,	
	en cuyo templo el fiel culto	
	el Te Deum laudamus canta.	735
	Fueron divinas empresas	
	cuantas dio el agua a sus aras,	
	siendo perennes milagros	
	Manzanares y Jarama.	

Eugenia	En la plaza de Palacio	740
	animados en dos basas,	
	que de Himeneo y Mercurio	
	sostenían las estatuas,	
	dos triunfales carros vi,	
	de cuya fábrica rara	745
	fue la significación,	
	si es que me atrevo a explicarla,	
	que Mercurio, de los dioses	
	embajador, su jornada	
	a la vista de Palacio	750
	feneció; y así, acabada	
	la fatiga del camino,	
	a Himeneo se la encarga,	
	porque uno su culto empiece,	
	donde otro su culto acaba.	755
Clara	Con este acompañamiento,	
	al compás de voces varias,	
	que del esposo y la esposa	
	decían las alabanzas...	
Eugenia	En un bruto que parece	760
	que sabía que llevaba	
	todo un cielo sobre sí,	
	según la noble arrogancia	
	con que obedecía soberbio	
	al impulso que le manda,	765
	llegó nuestra invicta reina	
	a las puertas de su alcázar.	
Don Alonso	Tal la relación ha sido,	
	que aunque el no verlo da enojos,	

	el deseo de los ojos	770
	se suple con el oído.	
Don Toribio	No a mí, que aquese deseo	
	nunca tuve.	
Don Alonso	¿Por qué no?	
Don Toribio	Como esas bodas vi yo.	
Don Alonso	¿Dónde?	
Don Toribio	En Cangas de Tineo,	775
	cuando los concejos todos	
	se juntan para llevar	
	las novias a otro lugar,	
	entonando varios modos	
	de bailes y de cantares,	780
	que es una fiesta bien rara.	
	Si de alguno me acordara,	
	se os quitaran mis pesares.	
Don Alonso	Dejad locuras, por Dios.	
	Brígida, a alumbrarme ven,	785
	que ya recogerme es bien.	

(Vanse Don Alonso y Brígida.)

(Clara, Eugenia, Don Toribio.)

Clara	¿Por qué no os recogéis vos?
Don Toribio	Porque para recogerme,
	falta salir de un cuidado.

Clara	¿Qué cuidado?	
Don Toribio	No he cenado;	790
	y tras esto, otro ha de hacerme	
	perder el juicio.	
Clara	¿Qué es?	
Don Toribio	Vos dijisteis que había en mí	
	más en que vengaros.	
Clara	Sí.	
Don Toribio	Decidme la causa, pues.	795
Clara (Aparte a él.) (Aparte.)	La causa es que Eugenia, a quien (Dél asegurarme quiero para la ocasión que espero.) vos decís que queréis bien, a otro favoreció.	
Don Toribio	¡Ay cielos!	800
Clara	Si averiguarlo queréis, bien fácilmente podéis...	
Don Toribio	Si esto oyeran mis abuelos, ¿qué dijeran?	
Clara	Pues estando un rato en ese balcón, oiréis la conversación que tiene en la calle, hablando	805

| | con un hombre por la reja
                 de su cuarto.

| Don Toribio | ¿Cómo qué?
                 En el balcón me estaré, 810
                 si acaso el dolor me deja,
                 sin chistar, de penas lleno.

(Disimuladamente abre un balcón, métese en él y cierra.)

| Clara (Aparte.) | (Ya éste no me estorbará,
                    pues cerrado se estará
                    toda la noche al sereno.) 815
| (Aparte.) | Eugenia. (Bueno será
                    engañarla.)

(Clara, Eugenia.)

| Eugenia | ¿Qué me quieres?

| Clara | Avisarte cuánto eres
           infeliz.

| Eugenia | ¿En qué?

| Clara | En que está
           mi padre tan sospechoso 820
           (pues no sé qué, que ha pasado,
           Mari-Nuño le ha contado
           acerca de que celoso
           uno y otro amante tuyo
           hoy a esta puerta riñeron), 825
           que sus sospechas le hicieron
           desvelar, según arguyo,

	que no se acuesta por Dios,	
	que si tienes que temer,	
	me lo digas, para hacer	830
	como hermana.	
Eugenia	Si a los dos	
	en el coche y en la reja	
	viste que los despedí,	
	y que no ha quedado en mí	
	ni aun el ruido de la queja,	835
	¿qué más de mi parte puedo	
	haber hecho, ni saber	
	puedo ahora qué he de hacer?	
Clara	Yo, sí.	
Eugenia	¿Qué es?	
Clara	Perder el miedo,	
	puesto que inocente estás,	840
	y cerrada en mi aposento,	
	desvelar tu pensamiento;	
	que yo, desvelando más	
	tu inocencia, allá entraré,	
	diciendo que estás dormida,	845
	y mostrándome ofendida	
	a su enojo, le diré	
	muy bien dicho que no tiene	
	razón, si en sospechar da	
	de quien tan segura está.	850
Eugenia	Mi vida, hermana, previene	
	tu amistad; y porque más	
	de mí asegurarse quiera,	

                            ciérrame tú por defuera.

(Éntranse.)

Clara   ¿Eso había de hacer?
(Cierra.)   Ya estás   855
                    conmigo en campaña, Amor.
                    Aquesta es la vez primera
                    que te vi el rostro: no quieras
                    vencer tan presto el rigor
                    de tus iras, ¡Mari-Nuño!   860

(Mari-Nuño; después, Don Félix. Clara; Don Toribio, encerrado en un balcón.)

Clara   ¿Dónde está aquel caballero?

Mari-Nuño   En mi aposento, señora,
                    rato ha que oculto le tengo,
                    mientras que la relación
                    a todos tenía suspensos.   865

Clara   Esto por Eugenia hago.

Mari-Nuño   Por eso yo te obedezco.

Clara   Dile, que salga a esta cuadra.

Mari-Nuño   Voy.

(Vase.)

(Sale Don Félix.)

Don Félix   Aunque rendido vengo

	a serviros, es mayor	870
	mi pena que el rendimiento.	
Clara	¿De qué?	
Don Félix	De ver que mi aviso	
	ni vuestra cordura han hecho	
	el efecto que esperamos,	
	sino tan contrario efecto,	875
	que los dos conmigo hoy	
	a vuestra puerta riñeron;	
	y saliendo vuestro padre	
	y vuestro primo a este tiempo,	
	queriendo acudir a todo,	880
	a nada acudí, supuesto	
	que ni a uno ni otro alcanzar	
	pude; y estoy con recelo	
	de que se hayan encontrado,	
	puesto que ninguno ha vuelto,	885
	siendo ambos huéspedes míos.	
	Y aunque por ellos lo siento,	
	lo siento por vos con más	
	ventajas, pues si os confieso	
	una verdad, me debéis	890
	vos mayor fineza que ellos.	
Clara	¿Yo mayor fineza?	
Don Félix	Sí.	
Clara	¿Cómo?	
Don Félix	Perdonad, os ruego,	
	porque no puedo decirlo,	

	aunque ya dicho lo tengo.	895

Clara   ¡Dicho lo tenéis, y no
podéis decirlo! No entiendo
tan nuevo enigma.

Don Félix   Yo, sí.

Clara   Declaraos más.

Don Félix   No puedo,
que si el sentimiento es   900
por ser mis amigos, cierto
será, por ser mis amigos,
el callar mi sentimiento.

(Ruido dentro.)

(Don Juan, y después, Mari-Nuño. Dichos.)

Don Juan (Dentro.)   ¡Válgame el cielo!

Don Félix   ¿Qué voces
son las que estamos oyendo?   905

Clara   En el jardín fue.

(Sale Mari-Nuño.)

Mari-Nuño   ¡Señora!

Clara   ¿Qué hay Mari-Nuño? ¿Qué es eso?

Mari-Nuño   Por las tapias del jardín

	se ha arrojado un hombre dentro,	910
	a cuyo ruido, tu padre	
	baja ya de su aposento.	

Clara   ¡Triste de mí! ¿Qué he de hacer,
　　　　　　　si os ven aquí?

Don Félix   Buen remedio:
　　　　　　　yo por aqueste balcón   915
　　　　　　　saldré a la calle primero
　　　　　　　que me vea.

Clara   No le abráis.

Don Félix   ¿No es mejor?

(Abre un balcón, y halla a Don Toribio.)

Don Toribio   Esténse quedos,
　　　　　　　no hagan ruido, que ya el hombre
　　　　　　　a la reja llega, y quiero   920
　　　　　　　oír lo que habla.

Don Félix   Hombre, ¿quién eres?

Don Toribio   ¿Quién os mete a vos en eso?
　　　　　　　¿Métome yo en quién sois vos?
　　　　　　　Agradecedme que tengo
　　　　　　　que hacer aquí, que si no,   925
　　　　　　　a fe que había de saberlo.

(Enciérrase en el balcón.)

Don Félix   ¿Quién vio tan extraño lance?

Mari-Nuño	Ya en el jardín se oye estruendo.
Clara	Apartémonos de aquí.

(Abren la puerta por donde se retiró Eugenia, y vanse por ella Clara y Mari-Nuño; Don Félix se esconde, como Don Toribio, en otro balcón.)

(Don Pedro. Don Félix, y Don Toribio, ocultos.)

Don Pedro	Viendo mis rabiosos celos	930
	que abriendo la puerta entró	
	mi enemigo hasta aquí dentro	
	sin poderlo yo estorbar,	
	que llegar no pude a tiempo,	
	por las tapias del jardín	935
	a entrar me atreví resuelto	
	a vengar... Pero ¡qué miro!	
	Que es su padre, vive el cielo,	
	y brioso, con otro hombre	
	riñendo sale a este puesto.	940

(Sale Don Alonso, riñendo con Don Juan. Don Pedro; Don Félix, oculto; Don Toribio, en el balcón.)

Don Alonso	Al esfuerzo de mi brazo,	
	de mis iras al aliento,	
	pues me han hecho dos agravios	
	tu voz y tu atrevimiento,	
	los dos vengaré. ¡Ay de mí!	945
	Que van mis penas creciendo,	
	pues cuando pensé de uno,	
	dos de quien vengarme tengo.	

Don Félix (Saliendo del balcón donde estaba escondido.)
      Tened la espada, don Juan.
      Don Alonso, deteneos.   950

Don Juan   Mira si traidor amigo
         eres, pues aquí te encuentro.

Don Félix   Oíd, sabréis que enemigo
         no soy, ni suyo, ni vuestro.

Don Alonso   ¡Dentro de mi casa dos   955
         enemigos!

Don Félix   Deteneos.

Don Pedro (Aparte.)   (Aunque estorbar aquí deba
         de don Alonso el empeño,
         primero venganza pide
         lo rabioso de mis celos.)   960
         Si por aquese balcón

(A Don Félix, que se ha quedado delante del balcón donde está don Toribio.)

         te pasó el atrevimiento
         de aquesa ingrata a mis ojos,
         en ti he de vengar primero
         los celos con que te busco.   965
         Baja abajo, o vive el cielo
         que esta pistola...

Don Toribio   (Saliendo del balcón.)
            ¿Pistola?
         Hombre del diablo, está quedo,
         que no es eso lo que yo

	te dije Pero ¡qué veo!	970
	¿Qué es esto, tío?	
Don Alonso	A mi lado	
	os poned.	
Don Pedro (Aparte.)	(Pues que le abrieron	
	la ventana, llegaré	
	a matarle; que no temo,	
	ya que estoy muerto a su dicha,	975
	quedar a sus manos muerto.)	
Don Juan	Traidor, tras ti. Mas ¿qué miro?	
	¿Por la ventana resuelto	
	así os entráis?	
Don Pedro	¿Qué os admira?	
	Si tanto ruido me ha puesto	980
	en obligación de entrar	
	a saber lo que es.	
Don Alonso	Suspenso	
	en repetidos agravios,	
	no sé a cuál he de ir primero.	
Don Félix	Teneos, señor, don Alonso,	985
	que trances de honor, el cuerdo	
	los venga con su prudencia,	
	antes que con el acero:	
	y si me escucháis, no dudo	
	quedéis honrado y contento.	990
Don Alonso	Uno entró por mi jardín,	
	otro por mi reja; pero	

	vos que aquí dentro os halláis,	
	¿por dónde entrasteis primero?	
	Que haciéndome el mismo agravio,	995
	me venís a dar consejo.	
Don Toribio	Entraría por la escala,	
	que escala había para ello.	
Don Félix	Yo soy tan interesado	
	en este lance, que pienso	1000
	que vine a serviros más	
	a todos, que no a ofenderos,	
	pues fue a excusarle; mas ya	
	que conseguirlo no puedo	
	de una manera, de otra	1005
	lo intentaré: estadme atentos.	
	Doña Eugenia me ha tenido	
	en aqueste cuarto, a efecto	
	de estorbar entre los dos...	

(Eugenia, Clara. Dichos.)

Eugenia (Dentro.)	¿Qué escucho? Dejar no puedo	1010
	de salir, al oír mi nombre.	
Clara (Dentro.)	Tente, no salgas.	

(Salen Clara y Eugenia.)

Eugenia	Sí quiero,	
	que ya me importa saber	
	qué es aqueste fingimiento.	
(A Don Félix.)	¡Yo te he tenido (¿qué dices,	1015
	hombre?) en mi cuarto!	

Don Félix   Teneos,
que yo doña Eugenia he dicho,
(Señala a Clara.)   no vos.

Don Alonso   ¿Cómo, cómo es eso?
¿Luego tú eras la que un hombre
escondido tenías dentro?   1020

Eugenia   ¿Luego tú con nombre mío,
Clara, la traición has hecho?

Don Toribio   ¿Luego tú por eso a mí
me tenías al sereno,
hecho avestruz del amor?   1025

Los tres   ¿Qué es esto, ingrata? ¿Qué es esto?

Clara   Esto es que por estorbar
de Eugenia yo los empeños,
no pude estorbar el mío;
(A Don Félix.)   y pues que sois caballero,   1030
no en el riesgo me dejéis,
cuando a otra sacáis del riesgo.

Don Félix   ¿Qué es dejaros? Con mil vidas
habéis de ver que os defiendo;
pues no amando la que es dama   1035
de mis amigos, bien puedo.

Don Juan   Pues supuesto que ya quedan
desvanecidos mis celos,
yo os ayudaré.

Don Pedro	Yo y todo.	
Don Alonso	¿Hay tan grande atrevimiento?	1040
Don Toribio	¡Quién tuviera aquí un lanzón de tres que en mi casa tengo!	
Don Alonso	A mis ojos y en mi casa, nadie a mis hijas (¡ay cielos!) defenderá que no sea su esposo.	1045
Don Félix	Si basta eso, yo lo soy suyo.	
Clara	Y yo suya.	
Don Alonso	¿Quién creyera que en el yerro mayor, fuera quien cayera la mesurada más presto?	1050
Don Toribio	¿Quién no lo creyera?, pues siempre en el mundo lo vemos, que las aguas mansas son de las que hay que fiar menos, y tienen mayor peligro porque sin duda por eso, Guárdate del agua mansa dijo un antiguo proverbio.	1055
Eugenia	Pues yo, señor, a tus plantas humildemente te ruego me des estado a tu gusto; que yo con mi primo quiero	1060

	irme a la montaña, donde	
	te asegure, por lo menos,	
	de que nunca delincuentes	1065
	fueron mis esparcimientos.	
Don Toribio	¿A la montaña? Eso no,	
	porque allá llevar no quiero,	
	ni filis, ni guardainfantes:	
	y así, con mi alforja al cuello,	1070
	donde esta mi ejecutoria,	
	habéis de ver que me vuelvo	
	sin casar.	
Don Alonso	Ni yo tampoco;	
	que no tengo de dar dueño	
	tan bruto a una hija mía	1075
	a quien más atención debo,	
	sino darla a quien su madre	
	la había dado en casamiento,	
	y esperando mi licencia,	
	se quedó hasta ahora suspenso.	1080
Don Juan	A vuestras plantas humilde	
	os digo que soy el mesmo,	
	pues soy don Juan de Mendoza.	
Don Alonso	Con esto es del mal el menos.	
Don Pedro	Pues quedo sin esperanza	1085
	de mi amor, lograrla intento	
	en pedir que perdonéis	
	de nuestras faltas los yerros.	
Don Toribio	Porque con la moraleja	

del Agua mansa y su ejemplo, 1090
dando principio a serviros,
fin a la comedia demos.

Fin de la comedia

Libros a la carta

A la carta es un servicio especializado para
empresas,
librerías,
bibliotecas,
editoriales
y centros de enseñanza;
y permite confeccionar libros que, por su formato y concepción, sirven a los propósitos más específicos de estas instituciones.
Las empresas nos encargan ediciones personalizadas para marketing editorial o para regalos institucionales. Y los interesados solicitan, a título personal, ediciones antiguas, o no disponibles en el mercado; y las acompañan con notas y comentarios críticos.
Las ediciones tienen como apoyo un libro de estilo con todo tipo de referencias sobre los criterios de tratamiento tipográfico aplicados a nuestros libros que puede ser consultado en Linkgua-ediciones.com.
Linkgua edita por encargo diferentes versiones de una misma obra con distintos tratamientos ortotipográficos (actualizaciones de carácter divulgativo de un clásico, o versiones estrictamente fieles a la edición original de referencia).
Este servicio de ediciones a la carta le permitirá, si usted se dedica a la enseñanza, tener una forma de hacer pública su interpretación de un texto y, sobre una versión digitalizada «base», usted podrá introducir interpretaciones del texto fuente. Es un tópico que los profesores denuncien en clase los desmanes de una edición, o vayan comentando errores de interpretación de un texto y esta es una solución útil a esa necesidad del mundo académico.
Asimismo publicamos de manera sistemática, en un mismo catálogo, tesis doctorales y actas de congresos académicos, que son distribuidas a través de nuestra Web.
El servicio de «libros a la carta» funciona de dos formas.
1. Tenemos un fondo de libros digitalizados que usted puede personalizar en tiradas de al menos cinco ejemplares. Estas personalizaciones pueden ser de todo tipo: añadir notas de clase para uso de un grupo de estudiantes, introducir logos corporativos para uso con fines de marketing empresarial, etc. etc.

2. Buscamos libros descatalogados de otras editoriales y los reeditamos en tiradas cortas a petición de un cliente.

www.ingramcontent.com/pod-product-compliance
Lightning Source LLC
LaVergne TN
LVHW041335080426
835512LV00006B/474